Die Anfechtbarkeit der Zahlung der Vergütung des vorläufigen Insolvenzverwalters im Zweitverfahren

Schriftenreihe des Centrum
für Deutsches & Europäisches
Insolvenzrecht

Herausgegeben von Stefan Smid, Silke Wehdeking
und Mark Zeuner

Volume 6

PL ACADEMIC RESEARCH

Torsten Martini

Die Anfechtbarkeit der Zahlung der Vergütung des vorläufigen Insolvenzverwalters im Zweitverfahren

PL ACADEMIC RESEARCH

Bibliografische Information der Deutschen Nationalbibliothek
Die Deutsche Nationalbibliothek verzeichnet diese Publikation in der Deutschen Nationalbibliografie; detaillierte bibliografische Daten sind im Internet über http://dnb.d-nb.de abrufbar.

Zugl.: Kiel, Univ., Diss., 2013

Gedruckt auf alterungsbeständigem,
säurefreiem Papier.

D 8
ISSN 2194-4881
ISBN 978-3-631-65103-2 (Print)
E-ISBN 978-3-653-04167-5 (E-Book)
DOI 10.3726/ 978-3-653-04167-5

PL Academic Research ist ein Imprint der Peter Lang GmbH.

Peter Lang – Frankfurt am Main · Bern · Bruxelles · New York ·
Oxford · Warszawa · Wien

Dieses Buch erscheint in einer Herausgeberreihe bei
PL Academic Research und wurde vor Erscheinen peer reviewed.

www.peterlang.com

Inhaltsverzeichnis

Literaturverzeichnis

Ahrendt, Christian/ Struck, Christian	Begründung von Masseverbindlichkeiten durch den vorläufigen Insolvenzverwalter mit Zustimmungsvorbehalt in: ZInsO 1999, 450 ff.
Ahrens, Martin/ Gehrlein, Markus/ Ringstmeier, Andreas	Fachanwaltskommentar Insolvenzrecht Köln 2012 zitiert: A/G/R-*Bearbeiter*
Alexy, Robert	Theorie der Grundrechte 6. Auflage, Frankfurt am Main 1986 zitiert: Alexy, Grundrechte
Andres, Dirk/ Leithaus, Rolf	Insolvenzordnung (Kommentar) 2. Auflage, München 2011 zitiert: Andres/Leithaus
Augsberg, Ingo/ Viellechner, Lars	Die Drittwirkung der Grundrechte als Aufbauproblem in: JuS 2008, 406 ff.
Bamberger, Georg;/ Roth, Herbert	Beck'scher Online-Kommentar Bürgerliches Gesetzbuch Stand: 1.5.2013 zitiert: *Bearbeiter* in Beck-OK BGB
Blersch, Jürgen/ Goetsch, Hans W./ Haas, Ulrich	Insolvenzordnung (Berliner Kommentar) Grundwerk mit Ergänzungslieferungen Stand: 43. EL 2013 zitiert: B/G/H-*Bearbeiter*
Bley, Erich;/ Mohrbutter, Jürgen	Vergleichsordnung (Großkommentar) 4. Auflage 1900 zitiert: Bley/Mohrbutter, VerglO

Bork, Reinhard — Zur Anwendung des § 181 BGB bei der Einrichtung eines Doppeltreuhandkontos
in: NZI 2005, 530 ff.

Gläubigersicherung im vorläufigen Insolvenzverfahren
in: ZIP 2003, 141 ff.

§ 55 Abs 2 InsO, § 108 Abs 2 InsO und der allgemeine Zustimmungsvorbehalt
in: ZIP 1999, 785 ff.

Bormann, Jens/ Böttcher, Leif — Notare und Beliehene zwischen Grundrechtsträgerschaft und staatlichem Funktionsverhältnis
in: NJW 2011, 2758 ff.

Braun, Eberhard — Insolvenzordnung (Kommentar)
2. Auflage, München 2011
zitiert: Braun-*Bearbeiter*

Canaris, Claus-Wilhelm — Grundrechte und Privatrecht
in: AcP 184 (1984), 201 ff.

Castendiek, Johann H. — Die Verhinderung „künstlicher" Masseschulden und Massekosten im Konkurseröffnungsverfahren
in: KTS 1978, 9 ff.

Probleme der durch einstweilige Verfügung und im Konkurseröffnungsverfahren angeordneten Sequestration 1968
zitiert: Castendiek

Couzinet, Daniel — Die Prinzipientheorie der Grundrechte
in: JuS 2009, 603 ff.

Diederichsen, Uwe — Das Bundesverfassungsgericht als oberstes Zivilgericht – ein Lehrstück der juristischen Methodenlehre in: AcP 198 (1998), 171 ff.

Eickmann, Dieter — Vergütungsrecht (InsVV, als Sonderband zu Kübler/Prütting, Insolvenzrecht)
2. Auflage, Köln 2001
zitiert: Eickmann, InsVV

Die Vergütung des nach § 106 KO bestellten Sequesters in: ZIP 1982, 21 ff.
Zur Behandlung der von einem Sequester eingegangenen Verbindlichkeiten im nachfolgenden Konkurs in: ZIP 1984, 728 ff.

Epping, Volker — Grundrechte
5. Auflage, Heidelberg 2012
zitiert: Epping, Grundrechte

Epping, Volker/ Hillgruber, Christian — Beck'scher Online-Kommentar Grundgesetz
Stand: 15.05.2013
zitiert: *Bearbeiter* in Beck-OK GG

Feuerborn, Sabine — Rechtliche Probleme der Unternehmensfortführung durch den Sequester und den vorläufigen Insolvenzverwalter in: KTS 1997, 171 ff.

Foerster, Karsten — Der allgemeine Zustimmungsvorbehalt begründet keine Masseforderungen
in: ZInsO 1999, 332 ff.

Fricke, Friedrich W. — Zur Prozeßführungsbefugnis des Sequesters gem. § 106 KO
in: MDR 1978, 99 ff.

Frind, Frank — Die Praxis fragt, „ESUG" antwortet nicht
in: ZInsO 2011, 2249 ff.

Treuhandkonto – geeignete Umgehung der Einzelermächtigung?
in: ZInsO 2005, 1296 ff.

Treuhandkonto im Eröffnungsverfahren – Probleme und Risiken
in: ZInsO 2004, 470 ff.

Anmerkung zu BGH, Beschl. v. 3.12.2009 – IX ZB 280/08
in: ZInsO 2010, 108 ff.

Ganter, Hans Gerhard — Bargeschäfte (§ 142 InsO) von Dienstleistern
in: ZIP 2012, 2037 ff.

Gerhardt, Walter — Zur Treuhänderstellung eines vorläufigen Vergleichsverwalters und des Ranges der Sicherungstreuhand im anschließenden Konkurs
in: JZ 1990, 243 ff.

Inhalt und Umfang der Sequestrationsanordnungen
in: KTS 1982, 1 ff.

Vom Makel des Konkurses – Eine kritische Betrachtung
in: Festschrift für Karl Michaelis
1972, S. 100 ff.
zitiert: Gerhardt FS Michaelis

Graeber, Thorsten — Die notwendige Absicherung des Vergütungsanspruchs des vorläufigen Insolvenzverwalters
in: Insolvenz und Sanierung – auf der Dauerbaustelle geht es weiter
Festschrift für Hans Haarmeyer zum 65. Geburtstag, Köln 2013, S. 247 ff.
zitiert: Graeber FS Haarmeyer

Graeber, Thorsten/ Graeber, Alexa — Anfechtbarkeit des Vergütungsanspruchs des vorläufigen Insolvenzverwalters
(gleichz. Anm. zu BGH, Urt. v. 15. 12. 2011 – IX ZR 118/11)
in: NZI 2012, 129 ff.

Die Wahl des Insolvenzverwalters durch die Gläubigerversammlung nach § 57 InsO
in: ZIP 2000, 1465 ff.

Vergütung des vorläufigen Insolvenzverwalters – Berücksichtigung von Aus- und Absonderungsrechten
in: NZI 2001, 184 ff.

Gundlach, Ulf/ Rautmann, Heiko — Die Änderung des § 14 InsO durch das Haushaltsbegleitgesetz
in: NZI 2011, 315 ff.

Haarmeyer, Hans/ Wutzke, Wolfgang/ Förster, Karsten — InsVV (Kommentar)
4. Auflage, München 2007
zitiert: H/W/F-*Bearbeiter*

Handbuch der vorläufigen Insolvenzverwaltung
1. Auflage 2011
zitiert: H/W/F, Handbuch vorläufige Insolvenz

Handbuch zur Insolvenzordnung
3. Auflage 2001
zitiert: Handbuch zur Insolvenzordnung

Haarmeyer, Hans — Der Eintritt der materiellen Insolvenz und seine zentrale Bedeutung für das Insolvenzverfahren
in: ZInsO 2009, 1273 ff.

Die vorzeitige Beendigung des Insolvenzverfahrens und das besondere Abwicklungsverfahren nach § 25 InsO
in: ZInsO 2000, 70 ff.

Hackländer, Philipp;/ Schur, Wolfgang — Die Zulässigkeit des Eröffnungsantrags bei Erfüllung der Forderung des antragstellenden Gläubigers – Diskussionsstand, Lösungsansatz und Verfahrensweise
in: ZInsO 2012, 901 ff.

Harbeck, Nils	Gläubigerbenachteiligung als normative Voraussetzung der Insolvenzanfechtung Hamburg 2013 (zugleich Diss., Kiel 2013) zitiert: Harbeck, Gläubigerbenachteiligung
Häsemeyer, Ludwig	Insolvenzrecht 4. Auflage 2007 zitiert: Häsemeyer
Henkel, Wolfram	Insolvenzanfechtung in: Kölner Schrift zur Insolvenzordnung. Das neue Insolvenzrecht in der Praxis 2. Auflage Berlin 2000 S. 813 ff.
Hess, Harald/ Weis, Michaela/ Wienberg, Rüdiger/	Insolvenzordnung (Kommentar) 2. Auflage, Heidelberg 2001 zitiert: H/W/W-*Bearbeiter*
Horstkotte, Martin;/ Martini, Torsten	Die Einzelermächtigung – ein zusätzliches Haftungsrisiko? in: ZInsO 2010, 750 ff.
Huber, Michael	Anmerkung zum Urteil des BAG vom 6.10.2011, Az. 6 AZR 262/10 – Zur Insolvenzanfechtung rückständiger Lohnzahlungen in: EWiR 2011, 817 ff.
	Kein Rechtsweg für Insolvenzanfechtungsklagen gegen Sozialversicherungsträger zum Sozialgericht in: ZInsO 2011, 519 ff.
Jacobs, Matthias;/ Doebert, Arno	Die Insolvenzanfechtung von Lohnzahlungen in der Rechtsprechung des BAG in: ZInsO 2012, 618 ff.
Jaeger, Ernst	Konkursordnung (Kommentar) 8. Auflage 1973 zitiert: Jaeger-*Bearbeiter* (KO)

Jaeger, Ernst — Insolvenzordnung (Kommentar)
1. Auflage 2004
zitiert: Jaeger-*Bearbeiter* (InsO)

Jaffé, Michael;/ Hellert, Joos — Keine Haftung des vorläufigen Insolvenzverwalters bei Anordnung eines allgemeinen Zustimmungsvorbehalts
in: ZIP 1999, 1204 ff.

Jaras, Hans D./ Pieroth, Bodo — Grundgesetz (Kurzkommentar)
11. Auflage, München 2011
(zitiert: Jaras/Pieroth)

Kayser, Godehard — Insolvenzrechtliche Bargeschäfte (§ 142 InsO) bei der Erfüllung gesetzlicher Ansprüche?
in: ZIP 2007, 49 ff.

Keller, Ulrich — Vergütung und Kosten in Insolvenzverfahren
2. Auflage, Köln 2007

Verjährung des Vergütungsanspruchs des Insolvenzverwalters
in: NZI 2007, 378 ff.

Insolvenzverwaltervergütung im Fall der Verfahrenskostenstundung bei unzureichender Masse
in: NZI 2013, 351 ff.

Kilger, Joachim/ Schmidt, Karsten — Insolvenzgesetze, KO/VglO, GesO
17. Auflage, München 1997
zitiert: Kilger/Schmidt

Kilger, Joachim — Probleme der Sequestration im Konkurseröffnungsverfahren Festschrift 100 Jahre Konkursordnung
Köln 1977, S. 189 ff.
zitiert: Kilger FS KO

Kirchhof, Hans-Peter — Rechtsprobleme bei der vorläufigen Insolvenzverwaltung
in: ZInsO 1999, 365 ff.

Die mehrseitige Treuhand in der Insolvenz
in: Verschuldung, Haftung, Vollstreckung, Insolvenz. Festschrift für Gerhard Kreft zum 65. Geburtstag
Herne 2004, S. 359 ff.
zitiert: Kirchhof FS Kreft

Kluth, Thomas
Die Rechtsstellung des Insolvenzverwalters oder die Insolvenz der Verwaltertheorien
in: NZI 2000, 351 ff.

Kollbach, Klaus
Verfassungsmäßigkeit der Kostenregelung nach § 14 Abs. 3 InsO
in: ZInsO 2011, 1822 ff.

Kreft, Gerhart
Insolvenzordnung (Heidelberger Kommentar)
6. Auflage, Heidelberg u. a. 2011
zitiert: HK-*Bearbeiter*

Treuhandkonto und Geschäftsfortführung bei Insolvenz
Festschrift für Frank Merz
Köln 1992, S, 313 ff.
Zitiert: Kreft FS Merz

Die Gläubigerbenachteiligung – Eine unterschätzte Anfechtungsvoraussetzung?
In: KTS 2012, 405 ff.

Krüger, Thomas;/ Wigand, Martin
Der Rechtsweg für Anfechtungsklagen des Insolvenzverwalters
in: ZInsO 2011, 1441 ff.

Kübler, Bruno M./ Prütting, Hanns/ Bork, Reinhard
Insolvenzordnung (Kommentar)
Grundwerk mit Ergänzungslieferungen
Stand: 53. EL 2013
Zitiert: K/P/B-*Bearbeiter*

Neuordnung des Insolvenzrechts
1989

Kuhn, Georg/ Uhlenbruck, Wilhelm	Konkursordnung (Kommentar) 11. Auflage, München 1994 zitiert: Kuhn/Uhlenbruck
Larenz, Karl	Methodenlehre der Rechtswissenschaft 6. Auflage, Berlin u. a., 1991 zitiert: Larenz, Methodenlehre
Laroche, Peter	Einzelermächtigung zur Begründung von Masseverbindlichkeiten durch den „schwachen“ vorläufigen Insolvenzverwalter in: NZI 2010, 965 ff.
Leonhardt, Peter/ Smid, Stefan/ Zeuner, Mark/	Insolvenzordnung (Kommentar) 3. Auflage, Stuttgart 2010 zitiert: L/S/Z-*Bearbeiter*
Marotzke, Wolfgang	Treuhandkonto und § 181 BGG im Insolvenzverfahren Hamburger Prägung in: ZInsO 2004, 721 ff. Kostenfreie Weiterverfolgung eines von Gläubigerseite gestellten Insolvenzantrags trotz Wegfalls der zugrundeliegenden Forderung? in: ZInso 2011, 841 ff.
Maunz, Theodor/ Dürig, Günter	Grundgesetz Kommentar 67. Lieferung 2012 zitiert: Maunz/Dürig/*Bearbeiter*
Maus, Karl Heinz	Umsatzsteuerrechtliche Folgen der Sicherheitenverwertung in der Insolvenzordnung in: ZIP 2000, 339 ff.
Mönning, Rolf-Dieter/ Hage, Ralf	Regulierung von Fortführungsverbindlichkeiten mittels Treuhandkonto auch bei Masseunzulänglichkeit ZInsO 2005, 1185 ff.

Münchener Kommentar | zur Insolvenzordnung (Kommentar)
3. Auflage, München 2013
zitiert: MünchKomm-*Bearbeiter*

Nerlich, Jörg/ Römermann, Volker | Insolvenzordnung (Kommentar)
24. Ergänzungslieferung, München 2012
zitiert: Nerlich/Römermann-*Bearbeiter*

Nicht, Matthias/ Schildt, Charlotte | Der Vorschussanspruch des Insolvenzverwalters – Rechtsgrundlage, Festsetzung und Rechtsmittel des Insolvenzverwalters
in: NZI 2010, 466

Noack, Wilhelm | Der vollstreckungsrechtliche Sequester als verwaltender Treuhänder
in: KTS 1957, 73 ff.

Onusseit, Dietmar | Ausgewählte steuerrechtliche Probleme des Insolvenzeröffnungsverfahrens
in: Kölner Schrift zur Insolvenzordnung. Das neue Insolvenzrecht in der Praxis
2. Auflage Berlin 2000
S. 1779 ff.

Palandt, Otto | Beck'sche Kurz-Kommentare
Bürgerliches Gesetzbuch
72. Auflage München 2013
zitiert: Palandt-*Bearbeiter*

Pape, Gerhard/ Uhlenbruck, Wilhelm | 30 Jahre Insolvenzreform für die Katz?
in: ZIP 2005, 417 ff.

Pape, Gerhard | Einschränkungen der Haftung des starken vorläufigen Insolvenzverwalters analog § 61 InsO
in: ZInsO 2003, 1061 ff.

Gläubiger- und Schuldneranträge im Regelinsolvenzverfahren – aktuelle Rechtsanwendungsprobleme
in: ZInsO 2011, 2154 ff.

	Zu den Schwierigkeiten des Sequesters ohne Verwaltungsmacht in: ZIP 1994, 89 ff.
Paulus, Christoph G.	Zur Auslegung anfechtungsrechtlicher Vorschriften in: Haftung und Insolvenz: Festschrift für Gero Fischer zum 65. Geburtstag, München 2008 S. 445 ff. zitiert: Paulus FS Fischer
Pawlowski, Hans-Martin	„Effektiver Rechtsschutz“ versus „effektive Vormundschaft“? in: JZ 2000, 913 ff.
	Methodenlehre für Juristen 3. Auflage, Heidelberg 1999
Plathner, Jan Markus/ Sajogo Dirk	Trendwende bei Insolvenzanfechtung rückständiger Lohnzahlungen an Arbeitnehmer in: ZInsO 2012, 618 ff.
Raebel, Bernd	Die Berechnungsgrundlage der Vergütung des vorläufigen Insolvenzverwalters in: Haftung und Insolvenz: Festschrift für Gero Fischer zum 65. Geburtstag, München 2008 S. 459 ff. zitiert: Raebel FS Fischer
Reichold, Hermann	Die Betriebsveräußerung durch den Sequester – Paradoxon und Paradigma in: KTS 1989, 291 ff.
Ries, Stephan	Der „vorläufige Insolvenzverwalter“ nach § 21 Abs. 2 Nr. 2, 2. Alt. InsO – jeder kennt ihn, aber kaum einer weiß, in welcher Funktion und für welche Gläubiger er tätig ist in: Insolvenz und Sanierung – auf der Dauerbaustelle geht es weiter, Festschrift für Hans Haarmeyer zum 65. Geburtstag, Köln 2013, S. 247 ff. zitiert: Ries FS Haarmeyer

Materielle Verfahrenseinheit – die Kosten eines nicht eröffneten Erstverfahrens als Bestandteil der Gesamtkosten eines später eröffneten Folgeverfahrens
in: ZInsO 2005, 414 ff.

Ist der vorläufige Verwalter wegen früherer Vergütungsansprüche aus anderen Verfahren Insolvenzgläubiger i.S.v. § 38 InsO?
in: ZInsO 2007, 1102 ff.

Anmerkung zum Urteil des GmS-OGB vom 27.09.2010 (GmS-OGB 1/09; ZInsO 2010, 2400) – Zur Rückgewähr des verdienten Arbeitsentgelts nach § 143 Abs. 1 InsO
in: ZInsO 2010, 2382 ff.

Insolvenz(anfechtungs)recht – wohin bist Du geraten?
in: ZInsO 2012, 1751 ff.

Riewe, Anne Deike	Festsetzung der Vergütung des vorläufigen Insolvenzverwalters bei fehlender Eröffnung des Insolvenzverfahrens in: NZI 2010, 131 ff.
Säcker, Franz Jürgen/ Rixecker, Roland	Münchener Kommentar zum Bürgerlichen Gesetzbuch 6. Auflage 2012 München zitiert: *Bearbeiter* in MünchKommBGB
Schippel, Helmut;/ Bracker, Ulrich	Bundesnotarordnung Kommentar 9. Auflage 2011 zitiert: Schippel/Bracker, BNotO
Schlaich, Klaus/ Korioth, Stefan	Das Bundesverfassungsgericht 9. Auflage, München 2012 zitiert: Schlaich/Korioth
Schmahl, Hermannjosef	Zur Praxis öffentlich-rechtlicher Gläubiger bei der Stellung und Rücknahme von Eröffnungsanträgen in: NZI 2002, 177 ff.

Schmidt, Andreas	Insolvenzordnung (Hamburger Kommentar) 4. Auflage, Köln 2012 zitiert: HambKomm-*Bearbeiter*
Smid, Stefan	Berechnungsgrundlage zur Ermittlung der Vergütung des vorläufigen Insolvenzverwalters in: ZInsO 2013, 321
Smid, Stefan/ Rattunde, Rolf/ Martini, Torsten	Der Insolvenzplan 3. Auflage, Stuttgart 2012 zitiert: Smid/Rattunde/Martini
Stahlschmidt, Jasper	Die Schwierigkeiten eines (Ander-)Kontos in: NZI 2011, 272 ff.
Stephan, Guido;/ Riedel, Ernst	Insolvenzrechtliche Vergütungsverordnung (InsVV) Kommentar München 2010 zitiert: Stephan/Riedel-*Bearbeiter*
Thole, Christoph	Gläubigerschutz durch Insolvenzrecht: Anfechtung und verwandte Regelungsinstrumente in der Unternehmensinsolvenz 2010 zitiert: Thole, Gläubigerschutz
Thiemann, Stephan	Die vorläufige Masseverwertung im Insolvenzeröffnungsverfahren 2000 Zitiert: Thiemann
Uhlenbruck, Wilhelm	Insolvenzordnung (Kommentar) 13. Auflage, München 2010 zitiert: Uhlenbruck-*Bearbeiter*
	Probleme der Sequestration nach § 106 KO in: KTS 1982, 209 ff.
	Falsche Kostenentscheidung der Gerichte bei Antragsrücknahmen und Abweisung des Konkursantrages mangels Masse? in: KTS 1983, 341 ff.

Probleme des Eröffnungsverfahrens nach dem Insolvenzrechts-Reformgesetz 1999
in: KTS 1994, 169

Die Rechtsstellung des Sequesters de lege lata und des vorläufigen Insolvenzverwalters de lege ferenda
in: KTS 1990, 15 ff.

Ablehnung einer Entscheidung über die Kosten des vorläufigen Insolvenzverwalters – ein Fall der Rechtsschutzverweigerung?
in: NZI 2010, 161 ff.

Die Rechtsstellung des vorläufigen Insolvenzverwalters
in: Kölner Schrift zur Insolvenzordnung. Das neue Insolvenzrecht in der Praxis
2. Auflage Berlin 2000
S. 325 ff.

Undritz, Sven-Holger — Der vorläufige „schwache" Insolvenzverwalter als Sanierungsbremse? – Zur Begründung von Masseverbindlichkeiten nach der Entscheidung des BGH vom 18.7.2992 und dem „UfA"-Beschluss des AG Hamburg
in: NZI 2003, 136 ff.

Urban, Norbert — Prozeßführungsbefugnis des nach § 106 KO bestellten Sequesters
in: MDR 1982, 441 ff.

v. Mangold, Hermann;/ Klein, Friedrich;/ Stark, Christian — Bonner Grundgesetzkommentar
4. Auflage 1999
zitiert: v.Mangold/Klein/Stark

v. Sethe, Henning — Hat die Rücknahme des Insolvenzantrags konstitutive Wirkung?
in: ZInsO 2009, 218 ff.

Vallender, Heinz	Die Anordnung der vorläufigen Insolvenzverwaltung in: DZWiR 1999, 265 ff.
Wazlawiak, Thomas	Anfechtungsfrist bei mehreren Insolvenzanträgen (zugleich Anm. zu BGH, Urt. v. 02.04.2009 IX ZR 145/08 = NZI 2009, 377) in: NZI 2009, 368 ff.
Weber, Friedrich	Fragen der Gestaltung des Konkursverfahrens in rechtspolitischer und rechtsvergleichender Sicht in: KTS 1959, 80 ff.
Werres, Rüdiger	Gläubiger im Insolvenzverfahren – Massegläubiger Treuhandmodell? in: ZInsO 2005, 1233 ff.
Wienberg, Rüdiger	Die Rechtsstellung des schwachen vorläufigen Insolvenzverwalters in: EWiR 2001, 1061 ff.
Wimmer, Klaus	Insolvenzordnung (Frankfurter Kommentar) 7. Auflage, Frankfurt am Main 2013 zitiert: FK-*Bearbeiter*
	Das neue Insolvenzrecht nach der ESUG-Reform Köln 2012 zitiert: Wimmer, ESUG-Reform
Windel, Peter A.	Modelle der Unternehmensfortführung im Insolvenzeröffnungsverfahren in: ZIP 2009, 101 ff.
Wroblewski, Andrej	Bargeschäftseinwand gegen Lohnanfechtung in: NJW 2012, 894 ff.

Teil A. Einleitung und Problemdarstellung

Aus Sicht des Gesetzes, der Gläubiger, des Schuldners und des Gerichts ist Insolvenzverwaltung treuhänderische Verwaltung fremden Vermögens. Aus Sicht des Insolvenzverwalters ist sie in Zeiten zunehmender Professionalisierung der Insolvenzverwaltung und anhaltenden Wettbewerbsdrucks, nicht erst seit Inkrafttreten des ESUG, mehr: sie bildet seine Existenzgrundlage.

Umso irritierender, wenn der Bundesgerichtshof dem vorläufigen Verwalter seine Vergütung mit Mitteln des Insolvenzrechts, nämlich der Anfechtung, auf Grundlage einer Entscheidung vom 15.12.2011 wieder nimmt, wenn es nicht unmittelbar, sondern erst aufgrund eines späteren Antrages, zur Verfahrenseröffnung kommt, und der vorläufige Verwalter damit pro bono tätig wurde.

Ob die Rechtsprechung des BGH konsistent und zwingend ist, will diese Arbeit ebenso zeigen wie sie die verfassungsrechtlichen Grenzen herausarbeiten will, die einer solchen Heranziehung eines Privaten im Sinne des Gemeinwesens und anderer Privater entgegenstehen. Sie versucht einen Lösungsvorschlag einer verfassungskonformen Interpretation der Regelungen des Gesetzes, die das Ausfallrisiko des vorläufigen Verwalters auf ein vertretbares und gerechtes Maß begrenzt.

I. Problematik

Anlass der Untersuchung ist eine Entscheidung des 9. Zivilsenats des Bundesgerichtshofs vom 15.12.2011[1], in der der erkennende Senat über die Frage zu entschieden hatte, ob in einem Folgeverfahren der frühere vorläufige Insolvenzverwalter seine Vergütung nach Erledigung des Fremdantrags in anfechtbarer Weise erlangt und demgemäß an die Masse des Zweitverfahrens herauszugeben hat.

Der 9. Zivilsenat hatte über folgenden Sachverhalt zu entscheiden:

> Der Insolvenzverwalter begehrte mit seiner Anfechtungsklage von dem Beklagten die Rückzahlung seiner Vergütung, die diesem vom Insolvenzschuldner erbracht worden war.

1 Az. IX ZR 118/11 = NZI 2012, 135.

Der Beklagte war vom zuständigen Insolvenzgericht in einem Antragsverfahren, dem ein gegen den Schuldner gerichteter Insolvenzantrag eines Gläubigers zugrunde lag, zum vorläufigen Insolvenzverwalter bestellt worden. Der Schuldner leistete während des Antragsverfahrens auf die Forderung des Antragstellers vollständige Zahlung, der daraufhin die Erledigung seines Antrags erklärte.

Der frühere vorläufige Insolvenzverwalter hatte Gelder des Schuldnervermögens auf einem als echtes Anderkonto geführten Sonderkonto angelegt[2].

Nach Aufhebung der vorläufigen Anordnung des Insolvenzgerichts, mit der der vorläufige Insolvenzverwalter bestellt worden war, hatte er auf die auf dem Anderkonto gebuchten Gelder zugegriffen, um hieraus seine Vergütung zu bestreiten.

Später wurde ein weiterer Antrag auf Eröffnung des Insolvenzverfahrens gestellt, der schließlich zur Eröffnung unter Bestellung des Klägers zum Insolvenzverwalter führte.

Der 9. Zivilsenat bejahte wegen der Verkürzung der Aktivmasse durch die Entnahme der Vergütung von dem Anderkonto die von § 129 Abs. 1 InsO geforderte objektive Gläubigerbenachteiligung. Ein Bargeschäft nach § 142 InsO habe nicht vorgelegen. Der erkennende Senat ließ offen, ob der frühere vorläufige Insolvenzverwalter und Beklagte die Befriedung seines Vergütungsanspruchs in inkongruenter Weise erlangt habe, jedenfalls habe eine kongruente Deckung vorgelegen.

Das Urteil des Bundesgerichthofs ist aufgrund der Gesetzeslage vor Inkrafttreten des Gesetzes zur weiteren Erleichterung der Sanierung von Unternehmen (ESUG)[3] ergangen. Bis zu diesem Zeitpunkt entsprach es der Judikatur des 9. Zivilsenats des Bundesgerichtshofs, dass bei Erledigung des Eröffnungsantrages der vorläufige Insolvenzverwalter keinen Anspruch wegen seiner Vergütung gegen die Staatskasse geltend machen konnte. Er hatte vielmehr seinen materiell-rechtlichen Vergütungsanspruch gegen den Schuldner im allgemeinen Zivilrechtsweg zu verfolgen[4]. Denn nach hergebrachten Grundsätzen konnte vor Einführung des § 26a InsO der Vergütungsanspruch des vorläufigen Insolvenzverwalters nicht durch das Insolvenzgericht gegen den Schuldner festgesetzt werden. Das summarische Festsetzungsverfahren steht im Allgemeinen dem Insolvenzverwalter zur Durchsetzung seiner Vergütungsansprüche nur im über das

2 Zur Systematik der Ander- und Treuhandkonten in der Insolvenz: Stahlschmidt NZI 2011, 272 ff.

3 Gesetz zur weiteren Erleichterung der Sanierung von Unternehmen vom 07.12.2011, BGBl I 2011 S. 2582.

4 BGH, B. v. 03.12.2009 – IX ZB 280/08 = NZI 2010, 98. Anders zuvor insbesondere die Urteilsanmerkung von Frind in ZInsO 2010, 108 (109). Zur vorerwähnten Entscheidung des BGH siehe insbesondere Uhlenbruck NZI 2010, 161 ff.

Vermögen des Schuldners eröffneten Insolvenzverfahren zu. Die Festsetzung der Vergütung durch das Insolvenzgericht gibt dem berechtigten Insolvenzverwalter nämlich das Recht, seine Vergütung der von ihm verwalteten Barmasse zu entnehmen. Der 9. Zivilsenat hat daher entschieden, dass für den Fall, dass es etwa wegen Erledigung des Eröffnungsantrages oder aber auch wegen Unzulänglichkeit der Masse, also mangels Kostendeckung, nicht zur Eröffnung des Insolvenzverfahrens gelangt, der vorläufige Insolvenzverwalter nach Beendigung seines Amtes seine Vergütung vom Schuldner auf dem allgemeinen Rechtsweg zu fordern habe[5].

Die Entscheidung des BGH vom 15.12.2011 hat für Unruhe gesorgt. Aus der Sicht der Insolvenzpraxis ist sie irritierend, da die Anfechtung der Zahlung der Vergütung im Folgeverfahren dazu führt, dass die Arbeit des vorläufigen Insolvenzverwalters unbezahlt bleibt. Über diese Irritationen hinaus ist diese Entscheidung des BGH aber auch geeignet, grundsätzlichere Fragen als die nach der berufsrechtlichen Stellung des vorläufigen Insolvenzverwalters zu erörtern. Sie verweist nämlich auf Grundsatzfragen des Insolvenzrechts.

Es wird im Folgenden auch näher zu erörtern sein, welche anfechtungsrechtlichen Konsequenzen sich daraus ergeben, dass zum Zeitpunkt des ersten Eröffnungsantrages, aufgrund dessen der vorläufige Insolvenzverwalter bestellt worden ist, eine vermögensrechtliche Lage des Schuldners bestanden hat, die unter dem Schlagwort der *materiellen Insolvenz* seit langem Gegenstand insolvenzrechtswissenschaftlicher Diskussionen ist.

Ob die Entscheidung des BGH zur Anfechtbarkeit der Vergütung des vorläufigen Insolvenzverwalters richtig ist, kann nicht von berufsrechtspolitischen Präferenzen abhängen. Sie ist vor dem Hintergrund sowohl der systematischen Einordnung des Insolvenzantrags- (bzw. in der Diktion des ESUG) Eröffnungsverfahrens auf der einen Seite wie auch dem der Funktion des Insolvenzanfechtungsrechts auf der anderen Seite zu bestimmen.

Die Entscheidung berührt damit grundsätzliche Fragen des Insolvenzanfechtungsrechts, des Berufsrechts der Insolvenzverwalter und beinhaltet schlussendlich eine verfassungsrechtliche Problematik, nämlich die Frage, ob und falls ja, in welchem Umfang es mit der Berufsfreiheit des Insolvenzverwalters vereinbar ist, dass seine Tätigkeit nicht vergütet oder sein Vergütungsanspruch jedenfalls konkret gefährdet wird.

5 BGH, Urteil vom 13.12.2007 – IX ZR 196/06 = NJW 2008, 583.

II. Inhalt der Entscheidung

Die Entscheidung des 9. Zivilsenats ist deshalb bemerkenswert, weil der anfechtungsrechtliche Ansatz nicht wirklich zwingend erscheint.

1. Festsetzung der Vergütung des vorläufigen Insolvenzverwalters nach Aufhebung der erlassenen Sicherungsmaßnahmen

Zum Zeitpunkt der Erledigungserklärung hatte der Beklagte sein Gutachten, das er als Sachverständiger erstellt und in dem er die Zahlungsunfähigkeit festgestellt hatte, bereits eingereicht. Das Gericht hob am 09.06.2006 die vorläufige Insolvenzverwaltung auf und setzte die Vergütung des Beklagten für seine Tätigkeit auf dessen Antrag hin mit Beschluss vom 28.07.2006 auf 5.520,95 € fest. Diesen Betrag überwies der Beklagte sodann am 09.08.2006 von einem Sonderkonto, das er im Rahmen der vorläufigen Verwaltung eingerichtet hatte, auf ein eigenes Konto.

Der Bundesgerichtshof lässt offen, ob das Gericht hierzu überhaupt berechtigt war, ferner, ob der Vergütungsfestsetzungsbeschluss wirksam war und der Beklagte die Vergütung „in ausdehnender Anwendung des § 25 Abs. 2 InsO“ tatsächlich entnehmen durfte.

Dies war sicherlich nicht der Fall, nachdem der BGH bereits Ende 2009[6] entschieden hatte, dass eine Vergütungsfestsetzung bei fehlender Eröffnung des Insolvenzverfahrens nicht nach § 64 InsO i. V. m. §§ 8, 10 InsVV erfolgen kann, der ehemalige vorläufige Insolvenzverwalter vielmehr auf den ordentlichen Rechtsweg zu verweisen ist, um dort seinen materiell-rechtlichen Vergütungsanspruch, der ihm analog §§ 1835, 1836 1914, 1987, 2221 BGB zustehe, durchzusetzen[7].

Dass der BGH die Frage der Berechtigung des Gerichts zur Vergütungsfestsetzung und infolge dessen auch die Frage offenlässt, ob die Festsetzung überhaupt wirksam (und nicht evtl. nichtig) ist[8], verwundert, hätte doch die Diskussion einer Nichtigkeit der Festsetzung mangels funktionaler Zuständigkeit des Gerichts mit der möglichen Folge einer Rückforderbarkeit der gezahlten Vergütung nach Bereicherungsrecht nicht ferngelegen. Hätte das Gericht eine solche bejaht, wäre es auf

6 BGH, B. v. 03.12.2009 – IX ZB 280/08 = NZI 2010, 98.

7 Hierzu auch BGH, Urt. v. 26.06.2001 – IX ZR 209/98 = BGHZ 148, 175.

8 hierzu: BGH, B. v. 08.03.2012 – IX ZB 219/11 (Rechtswidrigkeit, aber keine Nichtigkeit).

die – wie sich noch zeigen wird[9] – problematischen Voraussetzungen der §§ 129 ff. InsO nicht angekommen.

2. Eröffnung des Verfahrens auf den Zweitantrag hin

Nach einem (weiteren) Insolvenzantrag, nämlich des Finanzamtes vom 25.07.2006, wurde sodann am 16.11.2006 das Insolvenzverfahren über das Vermögen der Schuldnerin eröffnet. Die zur Insolvenzverwalterin bestellte Klägerin begehrte von dem Beklagten – also ihrem Vorgänger im Amt – die Rückgewähr eben dieser 5.220,95 €, die dieser für seine Tätigkeit als vorläufiger Insolvenzverwalter in dem früheren Insolvenzeröffnungsverfahren über das Vermögen der heutigen Schuldnerin erhalten hatte.

Nachdem die Klage in erster[10] und zweiter[11] Instanz erfolglos war, hatte sie beim Bundesgerichtshof Erfolg.

Tatsächlich bejahte der BGH nämlich im Gegensatz zu den Vorinstanzen die Tatbestandsvoraussetzungen eines Anfechtungsanspruchs[12] wegen kongruenter Deckung gem. §§ 143, 130 Abs. 1 S. 1 Nr. 2 InsO, wobei er die Frage, ob zugleich eine inkongruente Deckung gegeben sei, dahinstehen ließ, da jedenfalls eine kongruente vorliege.

Die Überweisung der festgesetzten Vergütung stelle eine anfechtbare Rechtshandlung dar. Der ehemalige vorläufige Insolvenzverwalter sei Insolvenzgläubiger i. S. d. § 130 Abs. 1 InsO. Darunter falle jeder Gläubiger, der ohne die erlangte Deckung in einem anschließenden Insolvenzverfahren mit seiner Forderung im Rang der §§ 38, 39 InsO am Insolvenzverfahren teilgenommen habe.

Entgegen der Auffassung der Vorinstanzen stellten die Vergütungsansprüche des Beklagten im eröffneten Verfahren auch keine Massekosten dar.

Die §§ 53, 54 Nr. 2 InsO beträfen nur die Kosten des *eröffneten und durchgeführten* Verfahrens, nicht aber die Kosten anderer, auch nicht vorangegangener Verfahren, die nicht zur Eröffnung gelangten und nach wirksamer Erledigung auch nicht zur Eröffnung gelangen *konnten*. Etwas anderes gelte auch dann nicht, wenn – dies trug der Beklagte in der Revision vor – eine einheitliche materielle Insolvenz vorgelegen habe, m. a. W. bereits im früheren Verfahren

9 Hierzu D. II. 4.

10 LG Neuruppin, Urt. v. 15.04.2010 – 3 O 265/09 = DZWiR 2012, 367.

11 OLG Brandenburg, Urt. v. 09.02.2011 – 7 U 91/10 = DZWiR 2012, 367.

12 Zur Rechtsnatur und den Voraussetzungen der §§ 129 ff. siehe unten D. II.

ein Eröffnungsgrund vorgelegen habe und dieses Verfahren nur mangels eines zulässigen Gläubigerantrages nicht zur Eröffnung gelangt sei.

Der BGH lässt offen, ob dies entsprechend dem Rechtsgedanken des § 139 Abs. 2 InsO angenommen werden könne, wenn mehrere zulässige und begründete Eröffnungsanträge vorliegen, von denen nur einer zur Eröffnung führte, weshalb die anderen aus verfahrensrechtlichen Gründen für erledigt erklärt werden mussten. Er betont, dass in einem solchen Fall auch die für erledigt erklärten Anträge zur Eröffnung geführt hätten, so dass es naheliegend sei, dort angefallene Vergütungen eines vorläufigen Insolvenzverwalters dem eröffneten und durchzuführenden Verfahren zuzurechnen.

Denkbar ist dies, wenn an verschiedenen Gerichten Insolvenzanträge über das Vermögen ein und desselben Schuldners anhängig sind und das Gericht jeweils verschiedene vorläufige Insolvenzverwalter bestellt oder aber wenn bei einem und demselben Gericht mehrere Insolvenzanträge vorliegen und dort, z. B. durch verschiedene Richter, verschiedene vorläufige Insolvenzverwalter bestellt werden[13].

Der nach Zahlung wirksam für erledigte Antrag habe jedoch nicht mehr zur Eröffnung führen können. Der vorläufige Insolvenzverwalter habe es in der Hand gehabt, durch Verweigerung der Zustimmung zur Zahlung die Erledigung zu vermeiden.

Zum Streitstand hinsichtlich der möglichen Rechtsmissbräuchlichkeit der Erledigung in diesem Fall: Nerlich/Römermann-Mönning, § 13 Rn. 117 m. w. N. Siehe auch Schmahl NZI 2002, 177 (183 f.), der davon ausgeht, dass mit Anordnung jedenfalls einer Verfügungsbeschränkung die spätere Verfahrenseröffnung und Gläubigerbefriedigung vorbereitet werde und der die Zahlung in Kenntnis dieser Verfügungsbeschränkung annehmende Gläubiger rechtsmissbräuchlich handele, indem er dokumentiere, dass es ihm bei seinem Antrag nicht um eine Mitwirkung hinsichtlich der Verfahrenseröffnung zwecks Verwirklichung der *par condicio creditorum* gehe, sondern ausschließlich um eigene wirtschaftliche Interessen.

Die Zustimmung zur Zahlung habe er aber, so der BGH weiter, nicht verweigert. Die erforderliche Gläubigerbenachteiligung liege in der Minderung des massezugehörigen Bestandes auf dem eingerichteten Anderkonto zugunsten des Beklagten. Zwar habe es sich um ein echtes Anderkonto gehandelt, dessen Vollrechtsinhaber der Beklagte mit der Folge gewesen sei, dass er allein der Bank

---

13 Zur Problematik des § 139 InsO: Wazlawik NZI 2009, 368 ff. Vgl. im übrigen L/S/Z-Zeuner, § 139 Rn. 16.

gegenüber berechtigt und verpflichtet gewesen sei[14]. Dort eingehende Gelder gehörten auch weder zur Insolvenzmasse noch zum Schuldnervermögen[15]. Es handele sich jedoch um offene Vollrechtstreuhandkonten[16]; die dort eingehenden Gelder seien Treugut des Insolvenzschuldners, die bei Beendigung des Treuhandverhältnisses gem. § 667 BGB an diesen herauszugeben seien.

Die Benachteiligung der Gläubiger sei demnach mindestens eine mittelbare, da der Beklagte durch die Überweisung des Geldes vom Ander- auf sein eigenes Konto seiner Verpflichtung zur Herausgabe an den Schuldner nicht mehr habe nachkommen können. Eine mittelbare Gläubigerbenachteiligung reiche aus, da das Tatbestandsmerkmal der Gläubigerbenachteiligung i. S. d. § 129 Abs. 1 InsO im Hinblick auf den Grundsatz der *par condicio creditorum* umfassend zu verstehen sei[17].

Das Vorliegen eines die Anfechtung ausschließenden Bargeschäfts im Sinne des § 142 InsO lehnt der BGH ab. Zwar könnten auch Dienstleistungen von Rechtsanwälten und ähnlichen Berufen grundsätzlich unter das Bargeschäftsprivileg fallen[18] und die Tätigkeit des vorläufigen Insolvenzverwalters sei mit diesen Tätigkeiten vergleichbar. Es sei auch nicht entscheidend, dass es an einer nach der Rechtsprechung des Senats notwendigen Vereinbarung zwischen Schuldner und Anfechtungsgegner fehle[19], der Senat erwog aber, die Tätigkeit des vorläufigen Insolvenzverwalters dem gleichzustellen, gleichwohl dieser nach Auffassung des BGH nicht kraft Vereinbarung mit dem Schuldner tätig wird, sondern infolge hoheitlicher Bestellung durch das Insolvenzgericht. Diese Gleichsetzung sei möglich, da § 142 InsO seinem Wortlaut nach nur darauf abstelle, ob für die Leistungen des Schuldners unmittelbar eine gleichwertige Gegenleistung in sein Vermögen gelangt sei.

Jedenfalls fehle es aber an der Unmittelbarkeit des Leistungsaustauschs, wie ein Rückgriff auf die Rechtsprechung des Senats zum Bargeschäft im Rahmen des anwaltlichen Mandatsverhältnisses zeige. In einem solchen Fall schließt der Senat ein Bargeschäft aus, wenn zwischen dem Beginn der anwaltlichen Tätigkeit und

---

14 Hierzu BGH, Urt. vom 18. 12. 2008 – IX ZR 192/07 = NZI 2009, 245; BGH, Urt. v. 12.05.2011 – IX ZR 133/10 = ZIP 2011,1220.

15 Hierzu BGH, B. v. 20.09.2007 – IX ZB 239/06 = BeckRS 2007, 16307.

16 BGH, Urt. v 12.05.2011 – IX ZR 133/10 = NZI 2011, 586.

17 BGH, B. v. 27.03.2008 – IX ZR 210/07 = NZI 2008, 293. Zum Tatbestandsmerkmal der Gläubigerbenachteiligung jüngst umfassend: Harbeck, passim.

18 BGH, Urt. v. 13.04.2006 – IX ZR 158/05 = BGHZ 167, 190.

19 In diesem Sinne: BGH. Urt. v. 29.11.2007 – IX ZR 30/07 = BGHZ 174, 297 Rn. 41; BGH, Urt. v. 21.01.1010 – IX ZR 65/09 = BGHZ 184, 101 Rn. 13.

der Erbringung der Gegenleistung mehr als 30 Tage liegen. Bei Vorschussanforderungen liege ein Bargeschäft nur vor, wenn in regelmäßigen Abständen Vorschüsse eingefordert würden, die in etwa den bisherigen Leistungen oder alternativ dem Wert der Leistungen der nächsten 30 Tage entsprächen[20].

Der Rückgriff des Bundesgerichtshofs auf seine Rechtsprechung zu anwaltlichen Dienstleistungen verwundert, wurde dem Insolvenzverwalter doch kein Mandat erteilt. Vielmehr wird er gerichtlich bestellt, um die künftige Insolvenzmasse zwecks späterer anteiliger Befriedigung der Insolvenzgläubiger zu sichern. Seine Tätigkeit liegt in den seltensten Fällen im Interesse des Schuldners.

Der BGH stellt dennoch auf diese 30-Tage-Frist ab und betont, dass es im entschiedenen Fall an dieser fehlte: Der Beklagte begann seine Leistungen mit seiner Bestellung am 31.03.2006. Seine Tätigkeit stellte er am 08.08.2006 – also mehr als vier Monate später – in Rechnung, nachdem er zuvor am 16.06.2006 seine Tätigkeit gegenüber dem Gericht abgerechnet hatte. Er entnahm die Vergütung am 09.08.2006. Zwischen dem Beginn der Tätigkeit und der Zahlung seiner Tätigkeit lagen damit mehr als vier Monate. Selbst wenn man – so der Senat – auf den Zeitpunkt abstelle, in dem der Beklagte seinen Vergütungsanspruch erstmalig geltend gemacht habe (also am 16.06.2006), sei die 30-Tages-Frist seit Beginn der Tätigkeit nicht gewahrt gewesen. Der BGH meint, er müsse zur Vermeidung einer unangemessenen Ausdehnung des Bargeschäfts an dieser Frist festhalten.

Bemerkenswert ist das vom Senat angerissene, im Ergebnis aber nicht vertiefte, Verschuldensargument: Der Senat meint offensichtlich, es sei erwägenswert, auf die erstmalige Geltendmachung des Vergütungsanspruchs gegenüber dem Gericht abzustellen, *„weil der Beklagte davon ausging, vor der Festsetzung der Vergütung diese nicht beanspruchen zu können“*.

Abgesehen davon, dass der Anspruch auf Zahlung einer Vergütung dem Grunde nach von der Festsetzung durch das Gericht unabhängig ist und dies jedem Insolvenzverwalter bewusst sein dürfte, enthält § 142 InsO kein irgendwie geartetes Verschuldensmoment. Ein solches – und insoweit ist dieser Halbsatz gefährlich – würde eine ausufernde Anwendung des Bargeschäftsprivilegs gerade heraufbeschwören.

Das Anfechtungsrecht ist generell verschuldensunabhängig. Dies gilt auch und erst recht für § 142 InsO. Hinzukommt, dass das Bargeschäftsprivileg es dem materiell insolventen Schuldner ermöglichen soll, weiter am Geschäftsverkehr teilzunehmen, indem es ausschließt, dass jegliche Zahlung während der materiellen Insolvenz für den Fall der späteren Eröffnung des Insolvenzverfahrens

20 BGH, Urt. v. 13.04.2006 – IX ZR 158/05 = NZI 2006, 469; BGH, Urt. v. 06.12.2007 – IX ZR 113/06 = NZI 2008, 173; BGH, B. v. 18.09.2008 – IX ZR 135/05 = BeckRS 2008, 20943.

rückgängig gemacht wird. Es dient daher zuvörderst dem unternehmerisch tätigen Schuldner selbst[21], der aber – wie ausgeführt – an der Anordnung einer vorläufigen Insolvenzverwaltung und den damit verbundenen Wirkungen in aller Regel kein Interesse hat.

Der Umstand, dass dem Beklagten daher die verspätete Geltendmachung seines Vorschussanspruchs zum Nachteil gereichen soll, ist vor dem Hintergrund der Entscheidung des BGH vom 22.09.2010[22] zur Verjährung des Vergütungsanspruchs des vorläufigen Insolvenzverwalters erstaunlich:

Während in der Judikatur der Instanzgerichte[23] und im Schrifttum[24] zuvor überwiegend angenommen wurde, dass die 3-jährige Verjährungsfrist des § 195 BGB dazu führe, dass der Vergütungsanspruch für die vorläufige Verwaltung zum Jahresschluss der Insolvenzeröffnung ohne Hemmung zu laufen beginne und damit auch vor Abschluss des Insolvenzverfahrens eine Verjährung eintreten könne, entschied der BGH dort, dass in Anwendung eines allgemeinen Rechtsgedankens, wie er z. B. auch in § 8 Abs. 2 S. 1 RVG[25] zum Ausdruck komme, die Verjährung des Vergütungsanspruchs für die vorläufige Verwaltung bis zum Abschluss des Insolvenzverfahrens gehemmt sei. Dies sei prozessökonomisch, da der vorläufige Insolvenzverwalter im Falle der Personenidentität mit dem endgültigen Insolvenzverwalter dann beide Vergütungsanträge gleichzeitig einreichen könne und sich das Gericht mit Festsetzungsfragen nur einmal beschäftigen müsse. Es komme hinzu, dass die Liquidität der Masse durch die dann nicht mehr gegebene Notwendigkeit einer frühzeitigen Entnahme nach vorangegangener Festsetzung geschont werde. Diese durch den BGH postulierte Prozessökonomie kann sich allerdings, wie nun die Entscheidung des BGH vom 15.12.2011 zeigt, für ihn im Hinblick auf eine etwaige Anfechtbarkeit auch nachteilig auswirken.

Schließlich lehnt der BGH das Argument, es fehle deshalb an einer Gläubigerbenachteiligung, weil der vorläufige Insolvenzverwalter im Interesse „der

21 Amtl. Begr. zu § 161 RegEInsO, BT-Drs. 12/2443, 167; vgl. im übrigen Braun/Riggert, § 142 Rn. 2; HK-Kreft, § 142 Rn. 2; L/S/Z-Zeuner, § 142 Rn. 1; Nerlich/Römermann-Nerlich, § 142 Rn. 2.

22 Az. IX ZB 195/09 = DZWiR 2011, 36.

23 LG Karlsruhe, B. v. 14.09.2009 – 11 T 458/08 = BeckRS 2009, 88522; AG Göttingen, B. v. 18.12.2009 – 71 IN 51/04 = BeckRS 2009, 89152; LG Gießen, B. v. 23.06.2009 – 7 T 34/09 = BeckRS 2009, 23481.

24 Nachweise bei Keller NZI 2007, 378.

25 Hiernach ist die Verjährung der Vergütung des Rechtsanwalts für die Tätigkeit in einem gerichtlichen Verfahren gehemmt, solange der Rechtsstreit anhängig ist.

Gläubiger“ tätig geworden sei, mit der Begründung ab, dieses Argument unterstelle einen abstrakten Gläubigerbegriff. Die Zusammensetzung der Gläubigerschaft im eröffneten Verfahren könne sich völlig anders darstellen als die in dem nicht zur Eröffnung führenden Insolvenzantragsverfahren.

Hiergegen spricht aber jedenfalls vordergründig § 54 Ziff. 2 InsO, wonach auch Auslagen und Vergütung des vorläufigen Insolvenzverwalters Bestandteil der Verfahrenskosten des sodann eröffneten Insolvenzverfahrens sind. Auch die Zusammensetzung der Gläubigerschaft im eröffneten Verfahren entspricht nicht zwingend der Zusammensetzung der Gläubigergesamtheit im Eröffnungsverfahren. Insolvenzgläubiger sind diejenigen Gläubiger, denen Forderungen zum Zeitpunkt der Eröffnung des Insolvenzverfahrens begründet sind, § 38 InsO. Auch bei angeordneten Sicherungsmaßnahmen kann sich die Zusammensetzung wesentlich unterscheiden, insbesondere bei länger andauernden Sicherungsmaßnahmen, wie sie in praxi infolge der Ausnutzung des Insolvenzgeldzeitraums bisweilen vorkommen. Kündigungen und Fälligstellungen von Darlehen durch Kreditinstitute wegen wesentlicher Verschlechterung der Vermögenslage erfolgen z. B. häufig erst nach Kenntnis der Bank von dem gestellten Insolvenzantrag und mangels einer Vorabinformation des Darlehensnehmers im Vorverfahren. Insbesondere in Fällen sog. „schwacher“ vorläufiger Verwaltungen steigen die Gläubigerforderungen bestimmter Gläubiger (nämlich derjenigen, deren weitere Leistungen zur Betriebsfortführung nicht benötigt werden und deren Zahlung der vorläufige Insolvenzverwalter daher nicht zustimmt) im Vorverfahren mitunter beträchtlich an. Nicht nur die Forderungshöhen (durch weiter laufende Zinsen, nicht gezahlte Entgelte etc.) erhöhen sich bis zur Verfahrenseröffnung. Die Forderungen der Gläubiger können im Vorverfahren auch eine völlig unterschiedliche Entwicklung nehmen.

Beispiel: der spätere Schuldner hat einen Gläubiger mit fälligen Forderungen von 10 TEUR. Ferner besteht ein Leasingvertrag ohne Rückstände. Dessen weiterer Erfüllung stimmt der vorläufige Zustimmungsverwalter im Eröffnungsverfahren nicht zu. Kündigt der Leasinggeber im Vorverfahren wegen Zahlungsverzuges, macht er einen Schadensersatzanspruch statt der Leistung geltend, die im eröffneten Verfahren Insolvenzforderung ist. Diese meldet er i. H. v. weiteren 10 TEUR zur Insolvenztabelle an. Damit hat sich die Gläubigerzusammensetzung im eröffneten Verfahren völlig verändert. Dennoch käme niemand ernstlich auf die Idee, die Kosten der vorläufigen Verwaltung mit der Begründung nicht unter die Verfahrenskosten i. S. d. § 54 Ziff. 2 InsO zu subsumieren, dass die Zusammensetzung der Forderungen im Vorverfahren eine völlig andere war. Und natürlich können auch im Vorverfahren und noch kurz vor Eröffnung völlig neue Gläubiger hinzukommen. Auch hier sind die Auslagen und Vergütung des vorläufigen Insolvenzverwalters selbstverständlich Kosten des Insolvenzverfahrens, wenngleich die Sicherungsmaßnahmen mitnichten im Interesse des erst später hinzugekommenen (und damit nach Eintritt der Insolvenzreife Neu-) Gläubigers lagen.

III. Rechtsfolgen der Entscheidung

Die Rechtsprechung des Bundesgerichtshofs führt in jedem Insolvenzantragsverfahren, in dem eine vorläufige Insolvenzverwaltung angeordnet wurde, ohne dass die Verwaltungs- und Verfügungsbefugnis auf den vorläufigen Insolvenzverwalter übergegangen ist[26], und das nicht zur Eröffnung gelangt, dazu, dass der vorläufige Insolvenzverwalter Gefahr läuft, seinen Vergütungsanspruch zu verlieren bzw. eine einmal gezahlte Vergütung im Falle der späteren Eröffnung eines Insolvenzverfahrens und einer erfolgreichen Anfechtung zurückzahlen zu müssen.

Hätte diese Judikatur Bestand, hätte sie zwingend zur Folge, dass die Tätigkeit des vorläufigen Insolvenzverwalters des erledigten Erstantragsverfahrens in Fällen der späteren Eröffnung aufgrund eines anderen Antrages unbezahlt bliebe. Auch der vorläufige Insolvenzverwalter genießt aber – um dies vorwegzunehmen – ebenso wie der endgültige Verwalter den verfassungsrechtlichen Schutz des Art. 12 Abs. 1 GG[27].

Dieser Vergütungsausfall bzw. dessen konkretes Risiko ist nach der Judikatur des 9. Zivilsenats die notwendige Folge der Ablehnung einer Ausfallhaftung der Staatskasse.

Die Frage, ob eine solche Ausfallhaftung besteht, war bereits unter Geltung der Konkurs- und Gesamtvollstreckungsordnung umstritten[28]. Bereits 1981 verneinte der BGH eine Ausfallhaftung der Staatskasse für die Vergütung des vorläufigen Vergleichsverwalters[29]. Auch für den Konkursverwalter ging er davon aus, dass

26 Im Falle des Übergangs der Verwaltungs- und Verfügungsbefugnis stellt sich das Problem wegen § 25 Abs. 2 InsO – jedenfalls zunächst – nicht.

27 Näher unten C.

28 Bejahend: LG Mosbach, B. v. 10.05.1983 – 1 T 33/83 = ZIP 1983, 710; LG Frankfurt/Oder, B. v. 30.01.1995 – 16 T 444/94 = ZIP 1995, 485; LG Stuttgart, B. v. 23.03.1995 – 10 T 123/95 = ZIP 1995, 762 (763); LG Mainz, B. v. 26.02.1998 – 8 T 302/97 = NJW-RR 1999, 698; LG Offenburg, B. v. 19.01.1999 – 4 T 148/98 = NZI 1999, 120; Eickmann ZIP 1982, 21; Kilger/Schmidt, § 106 KO Anm. 4. Verneinend: LG Saarbrücken, B. v. 19.07.1996 – 5 T 379/96 = JurBüro 1997, 148; LG Göttingen, B. v. 25.01.1997 – 6 T 265/96 = RPfleger 1997, 402; Castendieck KTS 1978, 9 (16); Noack KTS 1957, 73 (74); Jaeger/Weber (KO), § 106 Rn. 14; Kuhn/Uhlenbruck (KO), § 106 Rn. 20b.

29 BGH, Urt. v. 05.02.1981 – III ZR 66/80 = NJW 1981, 1726 (1727).

diesen im masselosen Konkurs ein Ausfallrisiko treffe[30]. Der Streit setzte sich nach Inkrafttreten der InsO und der InsVV mangels ausdrücklicher Regelung fort[31].

Die Frage nach einer staatlichen Ausfallhaftung wurde auch im Laufe des Gesetzgebungsverfahrens zur Insolvenzordnung thematisiert. Der Bundesrat bat im Hinblick auf § 30 Abs. 1 S. 1 RegEInsO (jetzt § 26 Abs. 1 S. 1 InsO) darum, zu prüfen, wer bei Abweisung eines Eröffnungsantrages mangels Masse die Verfahrenskosten zu tragen habe. Er verwies darauf, dass ein vorläufiger Insolvenzverwalter riskiere, leer auszugehen. Dies sei unbillig und könne ihm nicht zugemutet werden[32].

Die Bundesregierung lehnte dieses Ansinnen in ihrer Gegenäußerung ab. Es sei gerechtfertigt, dem vorläufigen Insolvenzverwalter ein *„begrenztes Ausfallrisiko"* aufzubürden. Er habe darauf zu achten, nicht zu Lasten der übrigen Beteiligten weiter zu wirtschaften, sobald eine Abweisung mangels Masse geboten sei[33].

Der Vorschlag des Bundesrates wurde daher nicht weiterverfolgt.

Den damit auch nach Inkrafttreten der Insolvenzordnung anhaltenden Streit um eine staatliche Ausfallhaftung entschied der Bundesgerichtshof mit Beschluss vom 22.01.2004 und lehnte eine solche außerhalb der Anwendbarkeit des § 63 Abs. 2 InsO ab[34]:

Diese Vorschrift – so der BGH – sei eine auf den Anwendungsbereich des § 4a InsO beschränkte, nicht verallgemeinerungsfähige, Ausnahmevorschrift. Es fehle eine ungewollte Gesetzeslücke, so dass eine entsprechende Anwendung dieser Vorschrift ausscheide. Eine Analogie zu §§ 675, 612, 632 BGB verbiete sich, da der vorläufige Insolvenzverwalter zwar durch das Gericht bestellt werde, jedoch für den Staat keine Dienste erbringe. Für eine entsprechende Anwendung der

30 BGH, Urt. v. 05.12.1991 – IX ZR 270/90 = BGHZ 116, 223 (241).

31 Für eine Ausfallhaftung des Staates: Eickmann, InsVV, Vorb. § 1 Rn. 45 ff.; H/W/F-Graeber, § 11 Rn. 91 ff.; H/W/W-Hess, § 11 InsVV Rn. 21 ff.; FK-Lorenz, § 11 InsVV Rn. 35 f.; MünchKomm-Nowak, § 11 InsVV Rn. 23. Verneinend LG Fulda, B. v. 18.05.2001 – 3 T 105/01 = NZI 2002, 61; Keller, Vergütung und Kosten im Insolvenzverfahren, Rn. 177; HK-Kirchhof, § 22 Rdnr. 90; K/P/B-Pape, § 26 Rn. 37; FK-Schmerbach, § 26 Rn. 70; L/S/Z-Thiemann, § 22 Rn. 134; Uhlenbruck-Vallender, § 22 Rdnr. 238; eher verneinend auch OLG Celle, B.v. 08.03.2000 – 2 W 23/00 = ZInsO 2000, 223 (224), B/G/H-Blersch, § 11 InsVV Rn. 54 (allerdings mit verfassungsrechtlichen Bedenken), Nerlich/Römermann-Mönning, § 22 Rn. 265 (der allerdings darauf hinweist, dass niemand zur Erfüllung staatlicher Aufgaben unentgeltlich herangezogen werden dürfe und der Vergütungsausfall auch durch eine mögliche Vergütung als Sachverständiger nicht kompensiert werden könne).

32 BT-Drs. 12/2443, S. 249.

33 BT-Drs. 12/2443, S. 262.

34 BGH, B. v. 22.01.2004 – IX ZB 123/03 = NJW 2004, 1957.

§§ 1835a Abs. 3. 1. HS, 1836a BGB spreche zwar, dass auch der vorläufige Insolvenzverwalter ähnlich wie der Vormund eine im öffentlichen Interesse liegende Aufgabe wahrnehme. Dies treffe jedoch ebenso für den endgültigen Insolvenzverwalter zu, bei dem niemand erwäge, auch hier eine Ausfallhaftung anzunehmen[35].

Die Ablehnung einer Ausfallhaftung sei auch nicht verfassungswidrig. Zwar gehöre zur Berufsausübungsfreiheit auch das Recht, eine angemessene Vergütung zu fordern[36] und der Staat habe die Pflicht, bei gesetzlichen Regelungen, die eine Gebührenbegrenzung oder einen Gebührenausfall vorsehen, auch die finanziellen Folgen für die in Anspruch genommenen Berufstätigen in Rechnung zu stellen[37]. Der Eingriff in die Berufsausübungsfreiheit müsse daher durch ausreichende Gründe des Gemeinwohls gerechtfertigt und verhältnismäßig sein[38]. Es sei jedoch nicht erforderlich, dass die Vergütung in jedem einzelnen Fall auskömmlich[39] sei. Ausreichend sei vielmehr, dass die Einkünfte aus der Tätigkeit im Rahmen *insgesamt* auskömmlich seien. Außerdem halte sich der Schaden des ehemaligen vorläufigen Insolvenzverwalters in Grenzen, da er in der Regel als Sachverständiger aus der Staatskasse entlohnt werde[40].

Ob diese Argumente überzeugen, wird später noch im einzelnen zu thematisieren sein[41].

Um dies vorwegzunehmen:

Der vorläufige Insolvenzverwalter hat – je nach Ausgestaltung seiner Befugnisse – im wesentlichen eine sichernde Funktion, nämlich die Beibehaltung des status quo des im Zeitpunkt der Anordnung der Sicherungsmaßnahme vorhandenen Vermögens zwecks Erhaltung für das eröffnete Verfahren. Er hat aber keine Masseverwertungsaufgaben, schon deshalb nicht, da eine Masse i. S. d. § 35 InsO im Antragsverfahren noch nicht existiert.

Die Anordnung sichernder Maßnahmen liegt nicht zuvörderst im Interesse der Gläubiger (deren die sofortige Verfahrenseröffnung im Zweifel lieber sein dürfte), sondern des Gerichts, das den Interimszeitraum überbrücken muss, bis der Insolvenzantrag entscheidungsreif ist bzw. das das Vorverfahren ausdehnt, um dem

---

35 Eine ganz bemerkenswerte petitio principi.

36 BVerfGE 54, 251 (271); BVerfGE 88, 145.

37 BVerfGE 83, 1 (16); v. Mangold/Klein/Stark, Art. 12 Rn. 173.

38 BVerfGE 83, 1 (16).

39 Zur damit angesprochenen Problematik der sog. „Mischkalkulation“ siehe A. V. 5.

40 Ob es zulässig ist, dem vorläufigen Insolvenzverwalter mit der Begründung die Vergütung mit der Begründung zu versagen, er werde als Sachverständiger nach JVEG entschädigt, siehe A. V. 3.

41 Siehe A. V. 3.

vorläufigen Insolvenzverwalter die Gelegenheit zu geben, den Insolvenzgeldzeitraum auszunutzen[42].

Es mag ja auch so sein, dass aus der Funktion des Insolvenzrechts als Generalexekutionsrecht folgt, dass die Kosten durch denjenigen zu tragen sind, dessen Interessen in diesem Verfahren durch Herstellung von Verteilungsgerechtigkeit befriedigt werden sollen und dass der Umstand, dass auch die öffentliche Hand verschiedenste, teilweise greifbare (Erfüllung der Steuererklärungspflichten), teilweise weniger greifbare (Erhaltung von Arbeitsplätzen, Schutz des Geschäftsverkehrs vor dem Weiterwirtschaften insolventer Unternehmen) Motive verfolgt, kein Grund ist, die Allgemeinheit die Kosten des Verfahrens tragen zu lassen. Damit ist jedoch noch nicht die Frage beantwortet, ob ausnahmsweise wegen dieser öffentlichen Interessen oder aus anderen Gründen die öffentliche Hand die Kosten zu tragen hat, wenn es zur Initiierung eines Insolvenz(antrags)verfahrens kommt, eine Heranziehung der Masse für die Kosten jedoch nicht in Betracht kommt, weil diese fehlt oder nicht ausreicht.

Nach aktueller Rechtsprechung des Bundesgerichtshofs steht eines jedoch fest: der vorläufige Insolvenzverwalter kann hiernach nicht damit rechnen, sich aus der Staatskasse schadlos zu halten.

IV. Vergleichbarkeit der Entscheidung nach neuer Rechtslage durch das Inkrafttreten des ESUG zum 01.03.2012, insbesondere wegen § 26a InsO

1. Erledigung durch das Inkrafttreten des § 26a InsO?

Wenn nunmehr aber feststeht, dass das Judiz des Bundesgerichtshofs in dem der Entscheidung zugrundeliegenden Fall zu einem Vergütungsausfall des ehemaligen vorläufigen Insolvenzverwalters führt, ist weiter zu prüfen, ob sich die Tragweite der Entscheidung des BGH durch den im Zuge des Inkrafttretens des Gesetzes zur weiteren Erleichterung der Sanierung von Unternehmen (ESUG) zum 01.03.2012 neu in das Gesetz eingefügten § 26a InsO erledigt hat.

Der im Rahmen des Gesetzgebungsverfahren des ESUG auf Beschlussempfehlung des Rechtsausschusses[43] neu geschaffene § 26a InsO lässt die Festsetzung der Vergütung des vorläufigen Insolvenzverwalters für nach dem

42 Zur Zulässigkeit dieser Praxis statt aller Braun/Riggert, § 270b Rn. 28.

43 Beschlussempfehlung und Bericht des Rechtsausschusses vom 26.10.2011, BT-Drs. 17/7511.

01.03.2012 eröffnete Verfahren[44] durch das Gericht selbst dann zu, wenn es nicht zur Eröffnung eines Insolvenzverfahrens kommt.

Der Gesetzgeber reagierte damit auf eine Entscheidung des Bundesgerichtshofs vom 03.12.2009[45], nach der mangels gesetzlicher Grundlage der vorläufige Insolvenzverwalter seinen materiell-rechtlichen Vergütungsanspruch gegen den Schuldner vor den Zivilgerichten verfolgen müsse[46]. Eine andere Möglichkeit, bei fehlender freiwilliger Zahlung des ehemaligen Schuldners für seine Tätigkeit im Eröffnungsverfahren bezahlt zu werden, hatte der vorläufige Insolvenzverwalter nicht, zumal Vergütung und Auslagen zu denjenigen Kosten des Eröffnungsverfahrens gehören, für die nach § 23 Abs. 1 S. 3 GKG der Antragsteller nicht als Zweitschuldner haftet.

Eine Ausfallhaftung des Staates besteht – von den Fällen, in denen die Verfahrenskosten gestundet sind – ebenfalls nicht.

Dieser Grundsatz hat eine weitreichende Bedeutung, wie zwei Beschlüsse des Bundesgerichtshofs vom 07.02.2013 zeigen:

In der ersten Entscheidung von diesem Tage[47] bejahte der BGH eine Quotelung zwischen Gerichtskosten und Vergütung des Insolvenzverwalters in einem Fall gewährter Verfahrenskostenstundung, da die Insolvenzmasse nicht ausreichte, um die gesamten Verfahrenskosten zu decken.

In einer weiteren Entscheidung vom gleichen Tage[48] entschied der BGH, dass sich in Stundungsfällen die Ausfallhaftung des Staates gem. § 63 Abs. 2 InsO auf die Mindestvergütung beschränke, gleichwohl der nach InsVV berechnete Vergütungsanspruch ungleich höher gewesen wäre[49]. Dies bedeutet, sofern man dieser Rechtsprechung folgt, dass zwar in Stundungsfällen eine Ausfallhaftung dem Grunde nach besteht, diese aber aufgrund ihrer Limitierung auf die Mindestvergütung einer aus der Masse zu zahlenden Vergütung (der Höhe nach bei weitem) nicht gleichsteht, m. a. W. ein und dieselbe Tätigkeit des vorläufigen Insolvenzverwalters nur deshalb ungleich schlechter bezahlt wird, weil der Verwalter mangels Deckung der Vergütung aus der Masse auf die staatliche Ausfallhaftung angewiesen ist. Dies ist bemerkenswert, wenn man bedenkt, dass die Tätigkeit des vorläufigen

44 Siehe Art. 103g EGInsO, Art. 10 S. 2 ESUG. Eine Rückwirkung lehnt der BGH ab: BGH, B. v. 09.02.2012 – IX ZB 79/10 = ZInsO 2012, 802.

45 Az. IX ZB 280/08 = NZI 2010, 98.

46 Vgl. nur HambKomm/Schröder, § 26a Rn. 1; FK-Schmerbach, § 26a Rn. 1.

47 Az. IX ZB 175/11 = BeckRS 2013, 04215.

48 Az. IX ZB 245/11 = BeckRS 2013, 04216 mit Anm. Keller NZI 2013, 351.

49 Anders (nämlich Erstattungsanspruch in voller Höhe): LG Erfurt, B. v. 02.05.2012 – 1 T 447/11 = ZInsO 2012, 947; LG Aurich, B. v. 01.06.2011– 4 T 96/11 = ZInsO 2012, 802; LG Bückeburg, B. v. 30.05.2012 – 4 T 97/11 = ZinsO 2012, 1283; MünchKomm-Nowak, § 63 Rn. 15; Braun/Blümle, § 63 Rn. 29; A/G/R-Nies § 63 Rn. 16.

Insolvenzverwalters eine (reine) Tätigkeits- und keine Erfolgsvergütung darstellt[50], seine Tätigkeit aber in beiden Fällen die gleiche ist, mögen sie nun die Gläubiger über den „Umweg" der Masse bezahlen oder aber infolge deren Insuffizienz die Staatskasse.

Nun mag der ehemalige vorläufige Insolvenzverwalter nach der bis zum Inkrafttreten des § 26a InsO anwendbaren Rechtsprechung einen materiell-rechtlichen Vergütungsanspruch gegen den ehemaligen Schuldner besitzen. Ob dieser aus Sicht des vorläufigen Insolvenzverwalters eine ausreichende Kompensation seiner Tätigkeit darstellt, ist eine andere Frage. Die Praxis zeigt nämlich, dass der ehemalige Schuldner eines zuvor gegen ihn gerichteten Fremdantragsverfahrens eine solche Vergütung häufig nicht zahlt. Dies dürfte jedenfalls dann die Regel sein, wenn die Erledigung des Insolvenzantrages nach Zahlung – also die Beendigung der formellen Insolvenz – die materielle Insolvenz gerade nicht beseitigte, die Zahlungsunfähigkeit und/oder Überschuldung des Schuldners also gerade fortbestand.

Hinzukommt folgendes: Der ehemalige vorläufige Insolvenzverwalter musste nach alter Rechtslage seinen materiell-rechtlichen Vergütungsanspruch unter voller Darlegung und – im Bestreitensfall – Beweisführung der tatsächlichen und rechtlichen Voraussetzungen der InsVV im zivilprozessualen Wege geltend machen. In einer Vielzahl der Fälle lohnte sich dies nicht, insbesondere dann, wenn offensichtlich war, dass der Schuldner ungeachtet der Erledigung des Antrages, in der Regel durch Zahlung, vermögenslos ist, m. a. W. ein Fall einer andauernden materiellen Insolvenz vorlag, der Schuldner also seine Finanzkraft nicht wiedererlangt hat.

2. Inhalt der Neuregelung des § 26a InsO

§ 26a InsO weitet die Möglichkeit der Festsetzung der Vergütung und der Auslagen des vorläufigen Insolvenzverwalters gem. §§ 21 Abs. 2 Nr. 1, 64 Abs. 1 InsO auf die Fälle der Nichteröffnung des Verfahrens (Abweisung, Rücknahme, Erledigung) aus.

Umstritten ist die Frage, woraus sich der Vergütungsanspruch materiell-rechtlich ergibt. Teilweise wird vertreten, dass ausweislich der Gesetzesbegründung[51] durch die Verweisung in § 21 Abs. 2 S. 1 Nr. 1 InsO die §§ 63 bis 65 InsO Anwendung

50 Statt aller: H/W/F, Vorbem. vor § 1 InsVV, Stichwort „Tätigkeitsvergütung" und ebd. Rn. 33.

51 Siehe die Begründung des Rechtausschusses: BT-Drs. 17/7511, S. 46.

finden[52]. *Wimmer*[53] rekurriert demgegenüber nach wie vor auf die Analogie zu §§ 1835, 1836, 1915, 1987, 2221 BGB.

Ungeschriebene Voraussetzung des § 26a InsO war in der Fassung nach seinem Inkrafttreten, dass der Schuldner dem Grunde nach die Kosten zu tragen hat, so dass für die Anwendung der Vorschrift bei einer Zurückweisung des Insolvenzantrages als unzulässig oder unbegründet (außerhalb der Fälle des § 14 Abs. 3 InsO) kein Raum ist.

Das Gesetz zur Verkürzung des Restschuldbefreiungsverfahrens und zur Stärkung der Gläubigerrechte vom 15.07.2013[54] wird die Vorschrift mit Wirkung zum 01.07.2014[55] dahingehend ergänzen, dass dem Gläubiger die Kosten auferlegt werden, wenn der Antrag unbegründet war.

Im übrigen war die Vorschrift in der Ursprungsfassung nicht geglückt[56].

Danach erfolgte eine Festsetzung gegen den Schuldner. Dies wurde in der Literatur teilweise als Klarstellung zu den über § 21 Abs. 1 S. 1 Nr. 1 InsO anwendbaren §§ 63, 64 InsO und §§ 8, 10 InsVV verstanden, die keine Regelung darüber enthalten, gegen wen sich der Anspruch des vorläufigen Insolvenzverwalters richtet[57]. Nach dem Wortlaut des Gesetzes waren die Vergütung und die Auslagen *stets* gegen den Schuldner festzusetzen. Ausweislich der Gesetzesbegründung sollte damit klargestellt werden, dass der vorläufige Insolvenzverwalter nicht auf den allgemeinen Zivilrechtsweg verwiesen werden soll. Der Gesetzgeber hatte aber übersehen, dass in zahlreichen Fällen[58] keine Veranlassung besteht, dem Schuldner die Kosten aufzuerlegen, beispielsweise im Falle der Unzulässigkeit des Antrages oder wenn sich herausstellt, dass ein Insolvenzgrund nicht gegeben ist[59]. Für den Fall des von Beginn an unbegründeten Antrages hat der Gesetzgeber diesen Fehler nunmehr korrigiert.

Auch rechtsdogmatisch ist die Vorschrift bemerkenswert, begründet sie doch die Zuständigkeit des Insolvenzgerichts für eine Vergütungsfestsetzung, die durchaus streitig werden kann. Das Insolvenzgericht wird sich im Streitfalle mit umfangreichen Beweisaufnahmen zu beschäftigen haben. Geglückt ist an der Vorschrift nur, dass das Insolvenzgericht im Hinblick auf die Vergütungshöhe, im wesentlichen bestimmt durch Berechnungsgrundlage sowie Zu- und Abschläge, das gegenüber dem Zivilgericht sachnähere und damit geeignetere Gericht ist.

---

52 So HambKomm-Schröder, § 26a Rn. 2.
53 Wimmer, ESUG-Reform, S. 129.
54 BGBl. I 2379 vom 18.07.2013.
55 siehe Artikel 9 des Gesetzes.
56 Nerlich/Römermann-Mönning/Zimmermann, § 26a Rn. 1.
57 Braun/Herzig, § 26a Rn. 5. Vgl. zu § 26a im übrigen: Riewe NZI 2010, 131 ff.
58 Fälle bei: Frind ZInsO 2011, 2249 ff.
59 Nerlich/Römermann-Mönning/Zimmermann, § 26a Rn. 5.

3. Rechtsfolgen einer Vergütungsfestsetzung im Rahmen des § 26a InsO

Erfolgt eine Vergütungsfestsetzung im Rahmen des § 26a InsO zu Lasten des Schuldners und hat dieser hiergegen keine sofortige Beschwerde eingelegt bzw. war diese erfolglos, steht damit inzident fest, dass der Insolvenzantrag begründet war. Es lag also mindestens ein rechtsformspezifischer Insolvenzgrund vor. Ansonsten hätte das Gericht die Kosten nicht dem Schuldner auferlegen dürfen.

Darauf dürfte sich die Wirkung des § 26a InsO allerdings auch beschränken. Insbesondere hat die Entscheidung keine über die Frage der Tragung der Vergütung hinausgehende Wirkung, sie ist insbesondere nicht der materiellen Rechtskraft fähig. Dies mit der Folge, dass ein Dritter sich nicht auf sie dahingehend berufen kann, dass zu diesem und jenen Zeitpunkt eine Insolvenz vorgelegen habe.

Damit steht aber zugleich fest, dass in Fällen, in denen das Gericht inzident eine Zahlungsunfähigkeit bejaht hat, dem ehemaligen vorläufigen Insolvenzverwalter, dessen Vergütung daraufhin gezahlt wird, die Zahlungsunfähigkeit des Schuldners im Sinne des § 130 Abs. 1 Ziff. 1 InsO bekannt war, so dass die Voraussetzungen einer kongruenten Deckung vorliegen.

Erwirkt der ehemalige vorläufige Insolvenzverwalter eine Zahlung, indem er mit der Zwangsvollstreckung droht, handelt es sich darüber hinaus um eine inkongruente Deckung, die stets dann vorliegt, wenn der Schuldner in der *période suspecte* zur Vermeidung der Zwangsvollstreckung zahlt, weil er damit rechnen muss, dass ansonsten vollstreckt wird[60].

Neben den bereits angeführten Unzulänglichkeiten der Vorschrift stellt sich noch eine Vielzahl weiterer Fragen:

Schließt z. B. die Möglichkeit der Vergütungsfestsetzung das Begehren um klageweise Festsetzung der Vergütung im Rahmen eines streitigen Zivilprozesses aus? Der ehemalige vorläufige Insolvenzverwalter könnte hieran durchaus ein Interesse haben, ist doch eine Entscheidung nach § 26a InsO nur mit der sofortigen Beschwerde angreifbar, während gegen ein im streitigen Zivilprozess ergangenes Urteil das Rechtsmittel der Berufung und ggf. der Revision möglich. Auch wäre (nur) ein streitiger Zivilprozess denkbar, wenn die Frage der Insolvenzreife streitig ist.

---

60 BGH, Urt. v. 09.09.1997 – IX ZR 14/97 = ZIP 1997, 1929; FK-Dauernheim, § 131, Rn. 27 m. w. N.

4. Zwischenergebnis

Damit steht fest, dass sich durch die Einfügung des § 26a InsO an der Tragweite der Entscheidung des 9. Zivilsenats vom 15.12.2011 nichts geändert hat.

Der vorläufige Verwalter des nicht zur Eröffnung gelangenden Erstverfahrens riskiert, im Ergebnis pro bono tätig geworden zu sein.

Das Gesetz zur weiteren Erleichterung der Sanierung von Unternehmen hat daran nichts geändert, ganz im Gegenteil: die Problematik hat sich sogar noch verschärft, kommt doch sogar eine Anfechtung unter dem Gesichtspunkt der Anfechtung wegen inkongruenter Deckung oder sogar der Vorsatzanfechtung nach § 133 InsO in Betracht.

V. Virulenz der Rechtsprechung des Bundesgerichtshofs für die Vergütung des vorläufigen Insolvenzverwalters im nicht zur Eröffnung gelangenden Verfahren

Die Rechtsprechung des 9. Zivilsenats des Bundesgerichtshofs wäre hinzunehmen, wenn der vorläufige Insolvenzverwalter Möglichkeiten hätte, seinen Vergütungsanspruch auch für den Fall der Nichteröffnung des Insolvenzverfahrens sicherzustellen. In diesem Fall stellte sich die angesprochene verfassungsrechtliche Problematik von vornherein nicht, die sich – um dies vorwegzunehmen[61] – nur ergibt, wenn der vorläufige Insolvenzverwalter Gefahr liefe, die Vergütung einzubüßen, auf deren Zahlung er einen Anspruch hat.

1. Übergang der Verwaltungs- und Verfügungsbefugnis auf den vorläufigen Insolvenzverwalter zwecks Erreichung der Rechtsfolgen des § 25 Abs. 2 S. 1 InsO

Im Falle des Übergangs der Verfügungsbefugnis auf den vorläufigen Insolvenzverwalter hat dieser vor Aufhebung seiner Bestellung aus dem von ihm verwalteten Vermögen die entstandenen Kosten zu berichtigen und die von ihm begründeten Verbindlichkeiten zu erfüllen, § 25 Abs. 2 S. 1 InsO. Gleiches

61 Näher Teil C.

gilt für Verbindlichkeiten aus einem Dauerschuldverhältnis, soweit er für das von ihm vorläufig verwaltete Vermögen die Gegenleistung in Anspruch genommen hat.

Diese Regelung knüpft an die Befugnis des vorläufigen „starken“ Insolvenzverwalters an, im Eröffnungsverfahren gem. §§ 22 Abs. 1, 55 Abs. 2 InsO Masseverbindlichkeiten zu Lasten der künftigen Insolvenzmasse begründen zu können und betrifft den Fall, dass es nicht zur Eröffnung eines Insolvenzverfahrens kommt. Sie zieht damit für den Fall der Anordnung einer vorläufigen Verwaltung und der Bestellung eines verwaltungs- und verfügungsbefugten vorläufigen Insolvenzverwalters die Konsequenzen aus der Vorverlagerung der Wirkungen des Insolvenz- in das Eröffnungsverfahren.

Im Anwendungsbereich des § 25 Abs. 2 S. 1 InsO darf das Gericht die Bestellung des vorläufigen starken Insolvenzverwalters erst aufheben, wenn dieser die vorerwähnten Kosten befriedigt hat. Diese Regelung soll den Schwierigkeiten entgegenwirken, die sich unter Geltung der Konkursordnung ergaben, wenn ein Sequester im Eröffnungsverfahren einen Betrieb fortführen wollte. Im Anwendungsbereich von KO und GesO waren Lieferanten regelmäßig nicht bereit, mit dem insolventen Unternehmen zu kontrahieren oder neue Leistungen zu erbringen, da sie damit rechnen mussten, im anschließenden Konkursverfahren (bzw. Gesamtvollstreckungsverfahren) mit ihren Forderungen auszufallen. Eine vollständige Befriedigung aller im Eröffnungsverfahren begründeten Verbindlichkeiten vor Eröffnung des Verfahrens schied (und scheidet) regelmäßig bereits aus praktischen Gründen aus, da Lieferungen und Leistungen erst noch fakturiert werden müssen. Die Absicherung der Lieferanten durch Sicherungsrechte, z. B. verlängerte Eigentumsvorbehalte, die Bejahung eines Zurückbehaltungsrechts des Sequesters an denjenigen Teilen der Masse, die zur Erfüllung der begründeten Verbindlichkeiten notwendig waren[62] oder das sog. Treuhandkontenmodell, deckten immer nur ein Teil der Risiken dieser Gläubiger ab, ohne die Problematik durchgängig zufriedenstellend lösen zu können. Es verblieb ein hohes Haftungsrisiko des Sequesters.

Beim sog. Treuhandkontenmodell[63] setzt der vorläufige Insolvenzverwalter üblicherweise einen Treuhänder zur treuhänderischen Verwaltung eines Bankguthabens mit der Abrede ein, daraus die im Insolvenzverfahren begründeten Verbindlichkeiten aus Lieferung und Leistungen auf dessen Anweisung zu erfüllen und die

62 So Feuerborn KTS 1997, 171 (189).

63 Allgemein und zu den verschiedenen Erscheinungsformen: Kirchhof FS Kreft, S. 359 (363 ff.).

nicht benötigten Mittel an die Insolvenzmasse auszukehren. Zu diesem Zweck wird neben dem Anderkonto des vorläufigen Insolvenzverwalters ein gesondertes Treuhandkonto eingerichtet, auf das der vorläufige Insolvenzverwalter einen gewissen Betrag des vorläufig verwalteten Vermögens einzahlt. Bisweilen werden dem Treuhänder auch die Forderungen vorauszediert, die mit den Lieferungen und Leistungen der sog. Weiterlieferer in der Betriebsfortführung erwirtschaftet werden[64]. Das Treuhandkontenmodell stellt einen Fall der mehrseitig rechtsgeschäftlich begründeten Sicherungstreuhand dar[65]. Als Treuhänder kommt entweder ein Dritter in Betracht – z. B. ein Sozius des vorläufigen Insolvenzverwalters – oder dieser selbst als natürliche Person (also nicht in seiner Amtseigenschaft). Die Einrichtung des Treuhandkontos bedarf nach überwiegender Ansicht analog § 181 BGB der Zustimmung des Insolvenzgerichts[66].

Zwar erkennt die herrschende Meinung das Treuhandkontenmodell als zulässig an[67], überwiegend unter Rückgriff auf den Rechtsgedanken des § 142 InsO. Das Modell weist jedoch zahlreiche Probleme auf: ungeklärt ist z. B., ob an dem Treuhandgut Aus- oder Absonderungsrechte begründet werden. Ferner werden die gesetzlichen Regelungen der §§ 21, 22, 55 InsO umgangen und der Treuhänder ist der gerichtlichen Aufsicht gem. §§ 21 Abs. 2 Nr. 1, 58 InsO entzogen[68]. Daher wird nach einer teilweise vertretenen Ansicht das Treuhandkontenmodell nur noch in Ausnahmefällen für zulässig gehalten[69], während die noch weitergehende Meinung es generell für unzulässig hält[70].

Die Neuregelung des § 25 Abs. 2 S. 1 InsO sollte diese Schwierigkeiten beheben und sich dabei ausdrücklich auch auf die Vergütung des vorläufigen Insolvenzverwalters beziehen, dem man es ersparen wollte, sich nach Aufhebung seiner

---

64 Hierzu Windel ZIP 2009, 101 (106 ff.).

65 Windel ZIP 2009, 101 (103 ff.).

66 AG Hamburg, B. v. 23.09.2005 – 67g IN 358/05 = ZInsO 2005, 1056; Kirchhof FS Kreft, S. 365; Frind ZInsO 2004, 470 (475); a. A. Bork NZI 2005, 530; Marotzke ZInsO 2004, 721 (gerichtliche Zustimmung gem. § 21 Abs. 2 S. 1 Nr. 2, 2. Alt.).

67 Jaeger-Gerhardt (InsO), § 22 Rn. 132; Kirchhof FS Kreft, S. 367; Werres ZInsO 2005, 1233 (1239 ff.); Mönning/Hage ZInsO 2005, 1185 (11091); Bork ZIP 2003, 1421 (1424 f.); Undritz NZI 2003, 136.

68 Dies gilt selbst dann, wenn Treuhänder der vorläufige Insolvenzverwalter selbst ist, da ihn die gerichtliche Aufsicht nur in seiner Amtsstellung trifft, jedoch nicht als Privatperson.

69 Hamburger Leitlinien zum Insolvenzeröffnungsverfahren, abgedruckt in NZI 2004, 24; AG Hamburg, B. v. 22.04.2004 – 67c IN 46/04 = ZInsO 2004, 517; Frind ZInsO 2005, 1296 (1303); ders. ZInsO 2004; 473; HambKomm-Schröder, § 222 Rn. 102.

70 AG Hamburg, B. v. 16.12.2002 – 6g IN 419/02 = ZIP 2003, 43; Jaeger-Henckel (InsO), § 55 Rn. 84; Pape/Uhlenbruck ZIP 2005, 417 (419); Pape ZInsO 2003, 1061 (1062 f.).

Bestellung in eine streitige Auseinandersetzung mit dem Schuldner zu begeben. Seine Vergütung ist durch Beschluss festzusetzen.

In seiner Entscheidung vom 22.01.2004[71], in der der 9. Zivilsenat mit zahlreichen Argumenten eine Ausfallhaftung des Staates hinsichtlich der Vergütung des vorläufigen Insolvenzverwalters ablehnt, ist diese Vorschrift eines seiner zahlreichen Argumente.

Die Vorschrift hilft jedoch aus mehreren Gründen nicht:

1.1 Vergütungsinteresse versus Unverzüglichkeit der Aufhebung der Sicherungsmaßnahmen

§ 25 Abs. 2 S. 1 InsO ist bereits verfassungsrechtlich nicht unbedenklich.

Einerseits dürfen Sicherungsmaßnahmen nur erlassen werden und nur solange bestehen (bleiben), wie dies der Sicherungszweck erfordert[72]. Andererseits soll der vorläufige Insolvenzverwalter die Kosten entnehmen dürfen, bevor diese Maßnahmen aufgehoben werden.

Es ist kaum absehbar, welcher Zeitraum benötigt wird, um die liquide Masse zu beschaffen, der es zur Befriedigung des Vergütungsanspruchs des vorläufigen Insolvenzverwalters bedarf[73], zumal die Vergütung durch das Gericht noch festgesetzt werden muss. Können durch den vorläufigen Insolvenzverwalter begründete Verbindlichkeiten nicht gezahlt werden, da diese durch den Gläubiger noch nicht in Rechnung gestellt wurden, kann nach dem Wortlaut des Gesetzes die vorläufige Insolvenzverwaltung noch nicht aufgehoben werden. Gleiches gilt, wenn „verwaltetes Vermögen“ noch nicht liquide vorhanden ist, indem z. B. werthaltige Forderungen noch nicht zur Masse geflossen sind. Das Interesse des Schuldners und der Gläubiger an der unverzüglichen Aufhebung der Sicherungsmaßnahmen kollidiert ergo in einem unkalkulierbaren Zeitraum mit dem Interesse des vorläufigen Insolvenzverwalters an der Sicherstellung der Zahlung seiner Vergütung. Ob dieses schwerer wiegt, scheint mehr als bedenklich[74].

Diese verfassungsrechtlichen Bedenken bleiben bestehen, gleichwohl sich die Praxis damit hilft, das allgemeine Verfügungsverbot aufheben zu lassen und die vorläufige Insolvenzverwaltung nur insoweit fortbestehen zu lassen, wie dies zur

71 BGH, Beschl. v. 22.01.2004 – IX ZB 123/03 = NJW 2004, 1957.

72 Begr RegE BT-Drs. 12/2443. S. 118; BT-Drs. 12/7302, S. 158; BGH, Beschl. v. 26.10.2006 – IX ZB 163/05.

73 Nerlich/Römermann-Mönning/Zimmermann, § 25 Rn. 17: „nur schwer kalkulierbar“.

74 Ebenso Sethe ZInsO 2009, 218; Nerlich/Römermann-Mönning/Zimmermann, § 25 Rn. 19.

Deckung der Kosten und der sonstigen durch den vorläufigen Insolvenzverwalter begründeten Verbindlichkeiten erforderlich ist[75].

1.2 Anwendungsbereich des § 25 Abs. 2 S. 1 InsO

Die Vorschrift des § 25 Abs. 2 S. 1 InsO ist nur anwendbar, wenn die Verwaltungs- und Verfügungsbefugnis auf den vorläufigen Insolvenzverwalter übergegangen ist. Jedoch ist dies in praxi nicht die Regel. Die Anordnung dieses Übergangs alleine im Interesse der Sicherung des Vergütungsinteresse des vorläufigen Insolvenzverwalters scheidet bereits aus Gründen der Verhältnismäßigkeit, der alle Sicherungsmaßnahmen unterliegen, aus[76].

1.3 Anfechtbarkeit

Festzustellen ist nur, dass es im Falle der Vergütungsentnahme nach § 25 Abs. 2 S. 1 InsO an einer Rechtshandlung im Sinne des § 129 InsO[77] fehlt, wenn der vorläufige Insolvenzverwalter die Vergütung tatsächlich selbst entnimmt.

Denn es ist hier ja gerade nicht der Schuldner, der auf Aufforderung des vorläufigen Insolvenzverwalters zahlt oder der sich der Individualzwangsvollstreckung des ehemaligen vorläufigen Insolvenzverwalters ausgesetzt sieht. Vielmehr entnimmt der vorläufige Insolvenzverwalter die Vergütung dem von ihm vorläufig verwalteten Vermögen.

> Anders ist dies jedoch, wenn der vorläufige Insolvenzverwalter zwar die Möglichkeit der Entnahme hat, aber den Schuldner zuvor zur Zahlung auffordert und dieser auch aus Vermögen bezahlt, das nicht (mehr) dem Beschlag des vorläufigen Insolvenzverwalters liegt. In diesem Fall liegt nach der Rechtsprechung des Bundesgerichtshofes eine Rechtshandlung des Schuldners vor, da diese bereits dann gegeben ist, wenn ein Verhalten des Schuldners zur Vermögensverlagerung beigetragen hat, mag dieses auch unter dem Druck oder dem Zwang der Zwangsvollstreckung erfolgt sein[78].

---

75 Sethe ZInsO 2009, 218 ff.; HambKomm-Schröder § 25 Rn. 6; Nerlich/Römermann-Mönning/Zimmermann, § 25 Rn. 20; Haarmeyer ZInsO 2000, 70 (74); vgl. im Übrigen die Wiedergabe des Streitstandes bei Uhlenbruck/Uhlenbruck, § 25 Rn. 10 ff.

76 Statt aller: Nerlich/Römermann-Mönning, § 22 Rn. 228; MünchKomm-Haarmeyer, § 22 Rn. 15; Uhlenbruck-Vallender, § 22 Rn. 208.

77 Hierzu D. II. 1.

78 BGH, Urt. v. 03.02.2011 – IX ZR 213/09 = NZI 2011, 249.

1.4 Zwischenergebnis

Die Vorschrift des § 25 Abs. 2 InsO hilft dem vorläufigen Insolvenzverwalter nur selten. Zwar scheitert eine anschließende Anfechtbarkeit am Vorliegen einer Rechtshandlung i. S. d. § 129 InsO, wenn der vorläufige Insolvenzverwalter nach Festsetzung die Vergütung der vorläufig verwalteten Masse entnimmt. Die vorläufige Verwaltung unter Übergang der Verwaltungs- und Verfügungsbefugnis ist jedoch wegen der strengen Anforderungen an ihre Verhältnismäßigkeit die Ausnahme.

Das hat auch der BGH erkannt, der dies in seinem Urteil vom 18.08.2002 ausdrücklich feststellt[79]. Der 9. Zivilsenat sieht in der überwiegenden Praxis auch keine Umgehung des § 55 Abs. 2 InsO (auf dessen Anwendbarkeit auf den vorläufigen schwachen Insolvenzverwalter bezog sich die Entscheidung im Wesentlichen).

Denn der vorläufige Insolvenzverwalter mit begleitendem Verfügungsverbot solle nicht die Regel sein[80]. Dass der Gesetzgeber nur dessen Aufgaben in § 22 Abs. 1 InsO ausführlich geregelt habe, ergebe sich daraus, dass dieses Rechtsinstitut gegenüber der Rechtsstellung des Sequesters nach KO neu gewesen sei. Der Bedarf an ihm sei nicht der Regelfall, zumal die Anordnung jeder Sicherungsmaßnahme dem Verhältnismäßigkeitsgrundsatz entsprechen müsse, anderenfalls sogar eine Amtshaftung in Betracht komme[81].

2. Fehlende Zustimmung zur Zahlung

Die Problematik der fehlenden (endgültigen) Zahlung der Vergütung wurde bislang aus der Perspektive diskutiert, dass eine Erledigung eingetreten ist.

---

79 BGH, Urt. v. 18.08.2002, Az. IX ZR 195/01 = NJW 2022, 3326. Vgl. auch LAG Frankfurt/Main, Urt. v. 06.02.2001 – 4 Sa 1583/00 = ZInsO 2001, 562, 563; AG Leipzig, Urt. v. 04.09.2001 – 08 C 2818/01 und 8 C 2818/01 = ZIP 2001, 1780, 1781 f; AG Wuppertal, Urt. v. 13.06.2001 – 96 C 96/01 = ZIP 2001, 1335 f; Wienberg EWiR 2001, 1061, 1062; MünchKomm-InsO/Hefermehl, § 55 Rn. 216; B/G/H-Braeutigam/Kahlert, § 55 Rn. 51; Haarmeyer/Wutzke/Förster, Handbuch vorläufige Insolvenz, Rn. 373; H/W/W-Weis, § 55 Rn. 196, 201; Jaffé/Hellert ZIP 1999, 1204, 1205 ff; L/S/Z-Smid, § 22 Rn. 70; FK/Schmerbach, § 22 Rn. 61; FK/Schumacher, § 55 Rn. 32; Onusseit in: Kölner Schrift zur Insolvenzordnung, S. 1779, 1789 f; Maus ZIP 2000, 339, 340; Braun/Bäuerle, § 55 Rn. 41; Braun/Kroth § 108 Rn. 23; Foerster ZInsO 1999, 332 f; Kirchhof ZInsO 1999, 365, 368 f; a.M. OLG Hamm, Urt. v. 17.01.2002 – 27 U 150/01 = NZI 2002, 259, 261; LG Essen, Urt. v. 10.01.2001 – 16 O 534/00 = NZI 2001, 217, 218; HK/Eickmann, § 55 Rn. 26; Bork ZIP 1999, 785 f; vgl. auch Ahrendt/Struck ZInsO 1999, 450, 452 f.

80 so auch L/S/Z-Smid, aaO § 22 Rn. 59, 63; Braun/Kind, § 22 Rn. 29.

81 BGH. B. v. 20.03.1986 – III ZR 55/85.

Es stellt sich aber schon früher die Frage, ob sich der vorläufige Insolvenzverwalter gegen einen Verlust seiner Vergütung von vornherein schützen kann, indem er die Erledigung *vermeidet*. Die Betrachtung setzt hier also einen Schritt vorher an.

Nimmt der Schuldner oder für ihn ein Dritter im Falle des Gläubigerantrages eine Zahlung vor, erfolgt vorbehaltlich des § 14 Abs. 1 S. 2 InsO[82] zumeist eine Erledigungserklärung des Gläubigers.

Zwar könnte der Gläubiger den Insolvenzantrag auch zurücknehmen, vermeidet dies aber in der Regel. Denn im Falle der Rücknahme trifft den Gläubiger die Kostenlast, §§ 269 Abs. 3 S. 2 ZPO, 4 InsO[83]. Die Vorschrift des § 269 Abs. 3 S. 3 ZPO, wonach dem Schuldner die Kosten nach billigem Ermessen unter Berücksichtigung des bisherigen Sach- und Streitstandes auferlegt werden können, ist nur anwendbar, wenn der Anlass für den Insolvenzantrag vor Eingang des Insolvenzantrages weggefallen ist, da im Insolvenzverfahren keine Rechtshängigkeit bekannt ist, es also bei der mit dem Insolvenzantrag eintretenden Anhängigkeit bleibt[84].

Zur Vermeidung der nachteiligen Kostenfolge erklärt der Gläubiger den Insolvenzantrag daher i. d. R. für erledigt, wenn nach Vorliegen eines zulässigen Insolvenzantrages die Zahlung seiner dem Antrag zugrundeliegenden Forderung erfolgt. Waren zu diesem Zeitpunkt bereits Sicherungsmaßnahmen angeordnet, die dem Schuldner ein allgemeines Verfügungsverbot auferlegten oder seine Verfügungen nur mit Zustimmung des vorläufigen Insolvenzverwalters wirksam werden ließen (§ 21 Abs. 2 Nr. 2 InsO), so führt jedoch die allein durch den Schuldner vorgenommene Zahlung nicht zur Erfüllung der Forderung des Gläubigers, §§ 24 Abs. 1, 81 Abs. 1 S. 1 InsO. Denn die Zahlung ist eine Verfügung, die mindestens schwebend unwirksam ist. Allerdings hat der Gläubiger es in der Hand, mit einer Erledigungserklärung oder Rücknahme die Erfüllungswirkung der Zahlung herbeizuführen. Denn ein für erledigt erklärter Insolvenzantrag kann allein nicht mehr zur Verfahrenseröffnung führen[85]. Kommt jedoch eine Verfahrenseröffnung nicht mehr in Betracht, sind sogleich auch erlassene Sicherungsmaßnahmen aufzuheben. In diesem Moment erhält der Schuldner seine volle Verfügungsbefugnis zurück und die in der Zahlung liegende Verfügung

---

82 Hierzu D. IV. 4.2.

83 Es kann dahinstehen, ob hierzu auch die Kosten der vorläufigen Insolvenzverwaltung gehören, so HambKomm-Wehr § 13 Rn. 51 m. w. N.; a. A. aber BGH, B. v. 26.01.2006 – IX ZB 231/04 = ZInsO 2006, 204.

84 HambKomm-Wehr, § 13 Rn. 50; FK-Schmerbach § 13 Rn. 28.

85 BGH, B. v. 15.01.2004 – IX ZB 197/03 = NZI 2004, 216.

wird im Zeitpunkt der Aufhebung der Verfügungsbeschränkung wirksam[86]. Dabei ist eine zusätzliche Genehmigung des Schuldners nicht erforderlich. Denn auf diesen Fall ist § 185 Abs. 2 S. 2 BGB entsprechend anwendbar[87]. Diese Vorschrift beruht auf der Idee, dass derjenige, der als Nichtberechtigter über ein Recht verfügt, an seiner Verfügung festgehalten werden soll, wenn er im Nachhinein die Verfügungsbefugnis (wieder-)erlangt. Denn es verstieße gegen Treu und Glauben, wenn derjenige, der erfolglos zu verfügen versucht, in dem Moment, in dem der gewünschte Erfolg doch noch eintreten könnte, sich darauf beriefe, zur Verfügung nicht berechtigt gewesen zu sein.

Das bedeutet im Ergebnis, dass der vorläufige Insolvenzverwalter seinen Vergütungsanspruch auch nicht dadurch sichern kann, dass er einer Verfügung des Schuldners zwecks Erledigung des Insolvenzantrages die Zustimmung versagt.

3. Kompensation durch eine Sachverständigenentschädigung

In seiner Entscheidung vom 22.01.2004[88] weist der Bundesgerichtshof darauf hin, dass der vorläufige Insolvenzverwalter, sofern er zugleich beauftragt sei, zu prüfen, ob ein Eröffnungsgrund vorliege und welche Aussichten für eine Fortführung des schuldnerischen Unternehmens bestehen[89], ja auch eine Vergütung als Sachverständiger erhalte[90], die sein Ausfallrisiko minimiere[91].

Daran ist richtig, dass der vorläufige Insolvenzverwalter, der keine Vergütung für seine Tätigkeit enthält, dann, wenn er gerichtlicherseits zugleich zum Sachverständigen bestellt wurde, insoweit einen Anspruch auf Entschädigung gegen die Staatskasse hat.

Gleichwohl hat das eine mit dem anderen nichts zu tun:

Dem vorläufigen Insolvenzverwalter steht eine Vergütung für seine Tätigkeit nach § 63 Abs.3 InsO i. V. m. den Vorschriften der InsVV zu. Der

86 BGH, Urt. v. 18.06.1993 – V ZR 47/52; Palandt/Heinrichs, § 185 Rn. 11b.
87 Bayreuther in: Münchener Kommentar zum Bürgerlichen Gesetzbuch, 6. Auflage, München 2012, § 185 Rn. 52.
88 IX ZB 123/03 = NJW 2004, 1957.
89 Vgl. § 22 Abs. 1 Ziff. 3, 2. HS InsO.
90 Siehe § 11 Abs. 4 InsVV: er erhält in diesem Falle eine gesonderte Vergütung.
91 Hierzu auch Uhlenbruck KTS 1983, 341 (343); ders. KTS 1994, 169 (183); ders. NZI 2010, 161.

Sachverständige, den das Gericht nach § 22 Nr. 3, 2. HS InsO bestellen kann, hat das Vorliegen eines Eröffnungsgrundes zu prüfen und eine Fortführungsprognose zu erstellen. Er hat keine dem vorläufigen Insolvenzverwalter vergleichbaren Rechte. Es ist üblich und möglich, den Sachverständigen auch zum vorläufigen Insolvenzverwalter zu bestellen; notwendig ist es nicht[92]. Der Sachverständige wird von der Staatskasse nach JVEG entschädigt. Demgegenüber steht dem vorläufigen Insolvenzverwalter ein Vergütungsanspruch gegen das schuldnerische Unternehmen zu. Die eine Tätigkeit hat mit der anderen nichts zu tun und es verbietet sich daher, einen etwaigen Ausfall bei der Vergütung als vorläufiger Insolvenzverwalter durch einen möglichen Entschädigungsanspruch als Sachverständiger zu kompensieren[93].

Der nach § 22 Abs. 1 S. 2 Nr. 3 InsO bestellte Sachverständige wird nach JVEG auf Grundlage eines Stundensatzes von 65,00 € entschädigt. Zwar entschied das Bundesverfassungsgericht am 29.11.2005[94], dass diese Vergütung keinen verfassungsrechtlichen Bedenken begegne, insbesondere der Sachverständige nicht verlangen könne, nach am freien Markt üblichen Stundensätzen entschädigt zu werden. Bemerkenswerter Weise führt das Bundesverfassungsgericht dort im Rahmen der Bejahung der Verfassungsmäßigkeit dieses Stundensatzes aber aus, dass der Sachverständige typischerweise auch zum vorläufigen Insolvenzverwalter bestellt werde und hierfür ebenfalls eine Vergütung erhalte, er in der Regel also „doppelt" bezahlt werde. Es führt ferner an, dass die Personengruppe, die üblicherweise mit derartigen Gutachten beauftragt würden, die Insolvenzverwalter seien, die ihre Einkünfte aber hauptsächlich aus der Vergütung als vorläufiger Insolvenzverwalter erhielten. Fest steht jedenfalls, dass der vorerwähnte Stundensatz einen Bruchteil der typischen Stundenvergütung eines Rechtsanwalts darstellt, also der Berufsgruppe, die einen großen Anteil an den Insolvenzverwaltungen ausmacht[95].

---

92 Andres/Leithaus, § 22 Rn. 12.

93 Im Ergebnis ebenso: Nerlich/Römermann-Mönning, § 22 Rn. 265; Uhlenbruck in: Kölner Schrift zur InsO, S. 325 ff., Rn. 48 ff.

94 BVerfG, Beschl. v. 29.11.2005 – 1 BvR 2035/05 = NZI 2006, 93. Siehe auch OLG Bamberg, B. v. 24.02.2005 – 1 W 8/05 = ZIP 2005, 819; OLG München, B. v. 20.05.2005 – 11 W 1422/05 = Rpfleger 2005, 571; LG Aschaffenburg, B. v. 24.11.2004 – 4 T 205/04 = ZIP 2005, 226; AG Kleve, B. v. 25.11.2004 – 33 IN 83/04 = ZIP 2005, 228.

95 Nach einer Erhebung des Branchenverlages JUVE lag im Bereich der Restrukturierung der durchschnittliche Stundensatz eines Rechtsanwalts-Partners 2012 bei 341 € (Associate 256 €), im Bereich mittelständischer Kanzleien im Vorjahr bei durchschnittlich 287 €. Vgl. http://www.juve.de/rechtsmarkt/stundensaetze.

4. Kompensation durch das Bestehenbleiben des materiell-rechtlichen Vergütungsanspruchs

Oben wurde bereits darauf hingewiesen, dass die fehlende Festsetzbarkeit der Vergütung des vorläufigen Insolvenzverwalters seinen materiell-rechtlichen Vergütungsanspruch gegen den Schuldner unberührt lässt. Es wurde aber auch darauf hingewiesen, dass dieser Anspruch in den meisten Fällen wertlos sein dürfte, da spätere Insolvenzanträge typischerweise in einer solchen Situation gestellt werden, in denen der Schuldner zwischen Erst- und Zweitantrag seine wirtschaftliche Leistungsfähigkeit nicht wieder hergestellt hat. Der dem Grunde nach bestehende Zahlungsanspruch ist daher ohne wirtschaftlichen Wert. Hinzukommt, dass in diesem Fall das Realisierungsrisiko vollständig beim ehemaligen vorläufigen Insolvenzverwalter liegt, der die nach § 26a InsO bestehende Möglichkeit der Titulierung in einem vereinfachten Festsetzungsverfahren vor dem Insolvenzgericht nicht hat.

Ebenso unberührt bleibt der materiell-rechtliche Vergütungsanspruch im Falle der erfolgreichen Anfechtung durch den Insolvenzverwalter im späteren Verfahren. Denn die Anfechtung führt zum Wiederaufleben des durch Zahlung ursprünglich erloschenen Vergütungsanspruchs, § 144 Abs. 1 InsO. Hier liegt die Wertlosigkeit erst recht auf der Hand, denn der Schuldner befindet sich ja bereits wieder im Insolvenzverfahren, der ehemalige vorläufige Insolvenzverwalter des Erstverfahrens erhält nur eine etwaige Insolvenzquote.

5. Mischkalkulation

5.1 BGH, B. v. 22.01.2004 – IX ZB 123/03

In seinem Beschluss vom 22.01.2004[96], der sich im wesentlichen auf die Frage einer möglichen Ausfallhaftung des Staates für die Vergütung des Insolvenzverwalters im Falle der Masselosigkeit bezieht, betont der BGH im Anschluss an eine Entscheidung des Bundesverfassungsgerichts aus dem Jahre 1993[97], dass zur Berufsausübungsfreiheit auch die Freiheit gehöre, eine angemessene Vergütung zu fordern[98]. Gesetzliche Regelungen, die eine Gebührenbegrenzung oder gar einen Gebührenausfall bei freiberuflich Tätigen vorsehen, seien verfassungsrechtlich

96 BGH, B. v. 22.01.2004 – IX ZB 123/03 = NJW 2004, 1957.

97 BVerfG, B. v. 30.03.1993 – 1 BvR 1045/89 = NJW 1993, 2861.

98 So auch BVerfGE 54, 251 (271); BVerfGE 88, 145.

nicht zu beanstanden, sofern der Gesetzgeber nur die finanziellen Folgen für die in Anspruch genommenen Berufstätigen ausreichend in Rechnung stelle[99]. Im Falle des Insolvenzverwalters sei es jedoch verfassungsrechtlich nicht geboten, die Tätigkeit in jedem konkreten Einzelfall angemessen zu vergüten. Es reiche aus, dass die Einkünfte aus der Tätigkeit *insgesamt auskömmlich* seien.

Dabei bezieht sich der BGH auf eine frühere Entscheidung, die sich zu der Vergütung des Rechtsanwalts verhielt:

Rechtsanwaltsgebühren müssten, so der BGH, nicht dem Wert der anwaltlichen Leistung im Einzelfall entsprechen, sondern lediglich so bemessen sein, dass der Rechtsanwalt aus seinem Gebührenaufkommen insgesamt – nach einer Mischkalkulation – sowohl seinen Kostenaufwand als auch seinen Lebensunterhalt bestreiten könne[100].

Entscheidend sei, dass nicht ein „wesentlicher Teil" der Tätigkeit unvergütet bleibe[101]. Dies sei hinsichtlich des Ausfallrisikos des vorläufigen Insolvenzverwalters nicht der Fall. Das Ausfallrisiko sei gering, wenn das Verfahren eröffnet werde. Im Falle der Masseunzulänglichkeit sei seine Vergütung erstrangig zu bezahlen. Nur im Falle der Nichteröffnung habe er ein Risiko. Dieses werde aber weiter dadurch minimiert, dass das Gericht bei erkennbarer Masseunzulänglichkeit von vornherein von der Anordnung von Sicherungsmaßnahmen abzusehen habe, dem Gericht anderenfalls die Amtshaftung drohe[102].

In der Praxis hat sich wegen dieser Problematik teilweise das Vorgehen entwickelt, dass das Gericht vor der Anregung von Sicherungsmaßnahmen bei erkennbarer Masseinsuffizienz, aber dennoch gegebenem Sicherungsinteresse, das auch zur Sachverhaltsaufklärung in Betracht kommt[103], eine Erklärung des in Aussicht genommenen vorläufigen Insolvenzverwalters verlangt, dass er für den Fall der fehlenden Deckung seiner Vergütung auf diese verzichtet.

---

99 BVerfGE 83, 1 (16); v. Mangold/Klein/Starck, GG, Art. 12 Rn. 173.

100 BVerfGE 80, 103 (109); 85, 337 (349); 107, 133.

101 Vgl. BVerfGE 54, 251 (272 f.).

102 so auch H/W/F, § 11 Rn. 93; K/P/B-Pape, § 26 Rn. 38.

103 MünchKomm-Ganter/Lohmann, § 5 Rn. 37. Die Bestellung eines vorläufigen Verwalters erfolgt zu Aufklärungszwecken häufig insbesondere dann, wenn der Schuldner nicht kooperiert. Zu einem solchen Fall z. B. LG Düsseldorf, B. v. 28.08.2003 – 25 T 515/03 und 25 T 586/03 = NZI 2004, 96. Im Ergebnis ist die Anordnung einer vorläufigen Insolvenzverwaltung in derartigen Fällen eine Frage der Verhältnismäßigkeit. Siehe auch BGH, B. v. 22.03.2007 – IX ZB 164/06 = NZI 2007, 344 zur Anordnung von Sicherungsmaßnahmen bei zweifelhaftem Gerichtsstand.

Schließlich trage auch § 25 Abs. 2 S. 1 InsO zu einer Risikominimierung bei, da der vorläufige Insolvenzverwalter in diesem Falle die Vergütung aus dem verwalteten Vermögen entnehmen dürfe, bevor die Sicherungsmaßnahmen aufgehoben würden. Diesen Zeitpunkt könne er beeinflussen.

Der Bundesgerichtshof führt weiter aus:

Bejahe man nach alledem dennoch einen Eingriff in die grundgesetzlich geschützte Berufsausübungsfreiheit, überschreite dieser die Erheblichkeitsschwelle nicht, insbesondere dann nicht, wenn der vorläufige Insolvenzverwalter zugleich zum Sachverständigen bestellt worden sei, der das Vorliegen eines Insolvenzgrundes zu prüfen habe (§ 22 Abs. 1 S. 2 Nr. 3 InsO).

Ungeachtet der fehlenden Erheblichkeit sei der Eingriff gerechtfertigt, da der vorläufige Insolvenzverwalter angehalten werden solle, nicht zu Lasten der übrigen Beteiligten „weiter zu wirtschaften“, wenn eine Abweisung mangels Masse geboten sei[104]. Bestehe eine Ausfallhaftung der Staatskasse, sei nicht auszuschließen, dass ein ungerechtfertigter Aufwand betrieben und das Eröffnungsverfahren in die Länge gezogen werde. Der Eingriff, bejaht man ihn dann, sei geeignet, dies zu verhindern und zugleich erforderlich. Schließlich sei der Eingriff auch verhältnismäßig i. e. S.: der vorläufige Insolvenzverwalter sei berechtigt und verpflichtet, seine Tätigkeit gar nicht erst aufzunehmen, wenn er erkenne, dass nicht einmal die Kosten der vorläufigen Verwaltung gedeckt seien. Ließen die äußeren Umstände dies erwarten, könne er die Aufnahme seiner Tätigkeit von einem Vorschuss abhängig machen.

Die Rechtsgrundlage bleibt dunkel. Zwar steht auch dem vorläufigen Insolvenzverwalter ein Vorschuss auf seine zu erwartende Vergütung und die Auslagen zu, §§ 11, 9 InsVV. Allerdings entspricht es überwiegender Meinung, dass dasjenige als Vorschuss festgesetzt wird, was im Zeitpunkt des Antrages an Vergütung in etwa bereits verdient wurde[105]. Im Gegensatz zu einem durch einen Privaten geltend gemachten Vorschuss, den er vor Beginn seiner Tätigkeit verlangen wird, bezieht sich der Vorschuss des vorläufigen Insolvenzverwalters begrifflich auf den Zeitpunkt der Fälligkeit seiner Vergütung, also den Zeitpunkt des Abschlusses des (vorläufigen) Insolvenzverfahrens. Inwieweit sich aus o.g. Vorschriften ein Vorschussanspruch vor Übernahme der Tätigkeit ergeben soll, lässt der Bundesgerichtshof offen.

104 Hierbei beruft sich der BGH auf BT-Drs. 12/2443. S. 262.

105 Eickmann, InsVV, § 9 Rn. 10; MünchKomm-Nowak, § 9 InsVV Rn. 2; H/W/F-Haarmeyer, § 9 Rn. 18. Umfassend zum Vorschussanspruch: Nicht/Schildt NZI 2010, 466.

5.2 „Auskömmlichkeit in Gänze“ als Maßstab einer angemessenen Vergütung

Die Entscheidung des BGH vom 22.01.2004 beruht auf der Prämisse, dass die Vergütungen in Gänze auskömmlich seien. Den BGH wird man so verstehen müssen, dass er anderenfalls verfassungsrechtliche Probleme sieht. Er bejaht damit die Zulässigkeit einer „Mischkalkulation“ und sieht einen Ausfall der Vergütung im Einzelfall als zumutbar an, da kein wesentlicher Teil der beruflichen Inanspruchnahme des vorläufigen Insolvenzverwalters unvergütet bleibe.

> Nun unterscheiden sich die rechtsanwaltliche Tätigkeit und die Tätigkeit als (vorläufiger) Insolvenzverwalter bereits dem Grunde nach völlig. Der Rechtsanwalt ist in der Entscheidung, ob er ein Mandant annimmt oder es ablehnt, frei. Er kann diese Entscheidung an rein wirtschaftlichen Gesichtspunkten ausrichten und in Fällen, die er für grundsätzlich lukrativ hält, zur Absicherung seines Honoraranspruchs einen Vorschuss verlangen.

Der (vorläufige) Insolvenzverwalter ist selbstverständlich dem Grunde nach in der Entscheidung zur Übernahme des Amtes ebenfalls frei. Er mag die Übernahme der ihm angetragenen Tätigkeit auch ablehnen. Er wird dies aber in den seltensten Fällen tun, da er anderenfalls damit rechnen muss, im nächsten Fall nicht mehr bestellt zu werden. Nicht erst seit Inkrafttreten des ESUG ist der Pool, aus dem sich die Insolvenzrichterschaft bedienen kann, in der Regel uferlos. Der Richter muss sich darauf verlassen können, dass der gelistete Insolvenzverwalter, den er auserwählt hat, das Amt auch annimmt. Jener ist ansonsten gezwungen, unter der besonderen Eile des Insolvenzantragsverfahrens einen neuen Aspiranten zu suchen und zu bestellen. Er dürfte sich sehr genau überlegen, ob derjenige, der ablehnt, für den nächsten Fall noch geeignet ist.

Hinzukommt die Professionalisierung des Berufs des Insolvenzverwalters[106]. Dieser Bereich wird nicht wie noch vor Jahrzehnten üblich durch Rechtsanwälte oder andere Berufe nebenbei miterledigt. Der professionelle Unternehmensinsolvenzverwalter erwirtschaftet typischerweise einen Großteil seines Umsatzes mit Erlösen aus der Insolvenzverwaltung. Darunter fallen die Erlöse aus vorläufigen Insolvenzverwaltungen nennenswert ins Gewicht[107].

---

106 Hierzu C. I.

107 Statistiken hierüber sind soweit ersichtlich nicht verfügbar. Für das Jahr 2012 sind allerdings folgende Zahlen bemerkenswert: Eröffnet wurden rd. 40.000 Insolvenzverfahren über die Vermögen von Unternehmen, gegen die Forderungen zwischen 50.000 und 250.000 € gerichtet waren. Ca. 3.000 Insolvenzanträge wurden

Dieser Berufsstand kann nicht selektieren, er hat auch keinen Einfluss darauf, ob ein Verfahren eröffnet wird oder nicht.

Daraus folgt: eine Mischkalkulation ist dem Insolvenzverwalter nicht möglich. Es handelt sich um eine unbelegte Behauptung, die sich noch dazu durch die Rechtslage seit Inkrafttreten des ESUG und die Rechtsprechung des Bundesverfassungsgerichts zum Verbot starrer Listen erledigt hat.

6. Zwischenergebnis

Nach alledem steht fest: die Rechtsprechung des Bundesgerichtshofs lässt dem vorläufigen Insolvenzverwalter keine Chance, seinen Vergütungsanspruch abzusichern, wenn es nicht zur Eröffnung eines Insolvenzverfahrens kommt.

VI. Zwischenfazit

Als Zwischenfazit steht damit fest:

Folgt man der Entscheidung des Bundesgerichtshofs vom 15.12.2011, bedeutet dies auch nach der seit dem 01.03.2012 geltenden Rechtslage, dass die Tätigkeit eines vorläufigen Insolvenzverwalters in den Fällen, in denen es erst aufgrund eines späteren Insolvenzantrages zur Eröffnung eines Insolvenzverfahrens kommt, durch die Möglichkeit der Anfechtung zumindest konkret gefährdet wird und dass eine wirtschaftlich annähernd vergleichbare Kompensation nicht ersichtlich ist.

In der Folge wird nun darauf einzugehen sein, inwieweit die Gleichsetzung des Vergütungsanspruchs des vorläufigen Insolvenzverwalters mit der eines Insolvenzgläubigers berechtigt ist und inwieweit die Rechtsprechung möglicherweise verfassungsrechtlichen Bedenken begegnet.

---

mangels Masse zurückgewiesen. Es ist davon auszugehen, dass jedenfalls bei einem erheblichen Teil dieser Unternehmen zuvor auch vorläufige Verwaltungen angeordnet worden waren.

Teil B. Rechtsnatur und Behandlung des Vergütungsanspruchs

Bevor die Frage der Berechtigung der Gleichsetzung zu hinterfragen und die grundgesetzliche Dimension zu erfassen ist, sind jedoch zunächst Grundlagen und Inhalt des Vergütungsanspruchs des vorläufigen Insolvenzverwalters näher zu untersuchen.

I. Der Vergütungsanspruch des vorläufigen Insolvenzverwalters

Der Bundesgerichtshof setzt den Vergütungsanspruch des vorläufigen Verwalters des Erstverfahrens mit dem eines Insolvenzgläubigers gleich.

Doch ist dies berechtigt? Um diese Frage beantworten zu können, wird zunächst darauf einzugehen sein, welche Qualität der Anspruch des vorläufigen Insolvenzverwalters auf Zahlung einer Vergütung hat. In diesem Zusammenhang sind zunächst die Vorschriften der InsO über die Verfahrenskosten zu beleuchten.

1. Die Behandlung der Verfahrenskosten in der InsO

1.1 Ausgangspunkt

Insolvenzrecht ist Vollstreckungsrecht, das Verfahren dient zuvörderst also der Haftungsverwirklichung der Gläubiger und zwar ungeachtet der Frage, ob man ein Subordinationsverhältnis zwischen Sanierungsgebot und Haftungsverwirklichung postuliert[108] oder dem Sanierungsgebot eine eigenständige verfahrensmäßige Bedeutung abspricht[109].

Mag auch die Vorstellung des Gesetzgebers eine andere gewesen sein:

Statistisch gesehen ist die Bedeutung von Sanierungen durch Insolvenzpläne nach wie vor gering: im Jahre 2011 wurden in rd. 1,5% der eröffneten

108 Uhlenbruck/Pape, § 1 Rn. 1.
109 Braun/Kießner, § 1 Rn. 2.

Unternehmensinsolvenzverfahren Insolvenzpläne vorgelegt[110]. Welche Entwicklung dieser Wert nach Änderung der Rechtslage durch das ESUG zum 01.03.2012, insbesondere durch das neuartige Schutzschirmverfahren nehmen wird, ist noch offen. Feststeht damit aber ungeachtet aller Zielvorstellungen des Gesetzgebers, dass das Insolvenzverfahren immer noch einen eindeutigen generalexekutorischen Charakter hat.

Während sich das Postulat der Generalexekution unter Geltung von Konkurs-, Vergleichs- und Gesamtvollstreckungsordnung noch aus der Gesamtschau der Vorschriften dieser Gesetze ergab, hat der Gesetzgeber der Insolvenzordnung dieses Ziel in § 1 S. 1 InsO ausdrücklich normiert. Neben der als Programmpunkt in S. 2 angeführten Möglichkeit der Erlangung der Restschuldbefreiung dient es darüber hinaus öffentlichen Interessen verschiedener Ausprägung[111]: es ermöglicht die geregelte Abwicklung eines aus dem Markt ausscheidenden Unternehmens, sichert die Verteilungsgerechtigkeit innerhalb der Gläubiger des gleichen Rangs, bedient öffentliche Sonderinteressen wie das des Fiskus an der Erfüllung steuerlicher Pflichten oder das Interesse der öffentlichen Hand an der Erhaltung von Arbeitsplätzen. Der Vermögensverfall ist dabei notwendige aber nicht hinreichende Voraussetzung eines Insolvenzverfahrens. Aufgrund des Antragsprinzips, § 13 InsO, setzt dieses einen Insolvenzantrag voraus, entweder des Schuldners selbst oder eines Gläubigers, dem eine Forderung gegen den Gläubiger zusteht bzw. – im Falle des § 14 Abs. 1 S. 2 InsO – zustand.

Auf die an sich systemwidrige Regelung über die sog. „Stapelanträge" in § 14 Abs. 1 S. 2 InsO wird noch einzugehen sein[112]. Ob das Verfahren dadurch – wie Nerlich/Römermann meinen[113] – inquisitorische Züge erhält, steht auf einem anderen Blatt.

Die öffentlichen Interessen, deren Erfüllung sich der Gesetzgeber von der Eröffnung eines Insolvenzverfahrens erwartet, sind in ihrer Stoßrichtung wenig homogen und kaum auf einen Nenner zu bringen[114], da sie bisweilen fiskalische Gründe (Steuererklärungspflicht des Insolvenzverwalters), ordnungspolitische (Marktbereinigung) oder volkswirtschaftliche (Erhaltung von Arbeitsplätzen) haben. Gemein ist all diesen öffentlichen Interessen, dass sie zwar jeweils berechtigte öffentliche Anliegen für den Fall des Vermögensverfalls sind, ihre

110 Siehe die Statistiken des Statistischen Bundesamtes unter www.destatis.de.

111 Hierzu: H/W/F, Handbuch vorläufige Insolvenz, § 11 Rn. 73.

112 Siehe unter D. IV 4.2.

113 Nerlich/Römermann-Mönning, § 14 Rn. 79.

114 H/W/F-Haarmeyer, § 11 Rn. 73, spricht plastisch davon, das öffentliche Interesse sei „multidimensional" angelegt.

Erfüllung aufgrund des fehlenden inquisitorischen Charakters des Insolvenzverfahrens jedoch stets einen Insolvenzantrag voraussetzen, also initiativ bedingt sind durch ein Tätigwerden des Betroffenen selbst oder eines seiner Gläubiger. Bestimmte öffentliche Interessen sind nur als Folge eines Insolvenzverfahrens denkbar, so z. B. das staatliche Interesse am geregelten Ausscheiden eines Unternehmens vom Markt im Zerschlagungsfall anstelle eines Ausscheidens in einem anarchischen Verfahren ohne festen Rechtsrahmen.

Andere öffentliche Interessen sind einer sozialen Volkswirtschaft systemimmanent, wie das Interesse am Erhalt von Arbeitsplätzen. Sie geraten durch den Zusammenbruch eines Marktteilnehmers in eine besondere Gefahrenlage. Wieder andere sind von einem Vermögensverfall völlig abgekoppelt, wie das Interesse des Staates an der Erfüllung steuerlicher Pflichten. Hier nimmt der Staat den Vermögensverfall zum Anlass, die Bedeutung dieser Pflicht für ihn im gesamtstaatlichen Interesse dadurch hervorzuheben, dass er die Erfüllung dieser Pflicht quasi im Wege der Ersatzvornahme auf den Insolvenzverwalter zu delegieren versucht und damit im Ergebnis – da dessen Tätigkeit aus der Insolvenzmasse und somit zu Lasten der Gläubiger bedient wird – zu Lasten anderer Marktteilnehmer erledigen zu lassen.

Keine der genannten öffentlichen Anliegen wird durch ein Insolvenzverfahren erfüllt, wenn nicht der Schuldner selbst bereit ist oder sich ein Gläubiger findet, das Verfahren zu initiieren. Fehlt es an einem Eigenantrag des Schuldners, sei es, dass dieser seinen Vermögensverfall verkennt oder ihn nicht mit Mitteln des Insolvenzrechts lösen will, und ist demgemäß ein Gläubigerantrag erforderlich, setzt dieser auf Zulässigkeitsebene ein rechtliches Interesse an der Verfahrenseröffnung voraus, § 14 Abs. 1 InsO. Daran fehlt es, wenn der Gläubiger rechtsmissbräuchliche Zwecke verfolgt, z. B. weil es dem Gläubiger um die Befriedigung seiner Forderung geht, nicht aber um die Initiierung eines Verfahrens zur Haftungsverwirklichung der Interessen der Gläubigergemeinschaft[115]. Ungeachtet der Zwitterstellung des Fremdantrages – Durchsetzung der Forderungen des Gläubigers im Vollstreckungswege auf der einen Seite, Initiierung eines Gesamtvollstreckungsverfahrens im Sinne der Gläubigergesamtheit auf der anderen Seite – kommt damit im Ergebnis die Eröffnung des Insolvenzverfahrens alleine aufgrund öffentlicher Interessen nicht in Betracht. Schuldner- oder Gläubigerantrag sind cum grano salis Vehikel zur Durchsetzung der öffentlichen Interessen, um deren Erfüllung es aber alleine nie geht.

---

115 Zu alledem Uhlenbruck/Uhlenbruck, § 14 Rn. 42.

> Die Betonung der verschiedenen öffentlichen Interessen, sei es an der Durchführung des Insolvenzverfahrens überhaupt, sei es Interessen an einer bestimmten Abwicklung, vernebelt auch tatsächlich den Charakter des Insolvenzverfahrens als Generalexekutionsverfahren. Tatsächlich verfolgt der Gesetzgeber mit *jedem* Gesetz öffentliche Interessen und sei es nur dasjenige an dessen Einhaltung zwecks Herbeiführung des mit ihm verfolgten Zwecks. Auch im Bereich der Individualzwangsvollstreckung verfolgt der Gesetzgeber öffentliche Interessen (Vermeidung von Selbstjustiz und Anarchie, Gewährung eines effektiven Instruments zur Durchsetzung titulierter Ansprüche als Ausprägung des Justizgewähranspruchs, Verwirklichung des Sozialstaatsprinzips (z. B. § 765a ZPO), insbesondere Vermeidung der Kahlpfändung (insbesondere in den Vorschriften, die die Vollstreckung ausschließen oder beschränken). Durch das Vollstreckungsverfahren und die Inanspruchnahme staatlicher Vollstreckungsorgane, die auch diese Anliegen zu berücksichtigen haben, entstehen Kosten, die aber natürlich durch den Vollstreckungsgläubiger zu tragen sind. Zwar werden diese neben der zu vollstreckenden Forderung sogleich mitvollstreckt. Dennoch verbleibt das Ausfallrisiko beim Gläubiger, wenn eine Vollstreckung beim Schuldner nicht gelingt. Berechtigterweise käme niemand auf die Idee, dass die öffentliche Hand Teile der Vollstreckungskosten tragen müsste.

Scheinbar ist es daher, da es um Haftungsverwirklichung zugunsten der Gläubigergesamtheit aus dem schuldnerischen Vermögen geht, auch konsequent, wenn die Gläubigergesamtheit die Kosten des dafür vorgesehenen staatlichen Verfahrens trägt. Ob dies tatsächlich zwingend ist, wird noch zu zeigen sein.

1.2 Grundsätzliche Regelungen der §§ 53 ff. InsO

§ 53 InsO regelt, dass aus der Insolvenzmasse die Verfahrenskosten und die sonstigen Masseverbindlichkeiten vorab zu entnehmen sind. Dabei normiert § 54 InsO die Verfahrenskosten als die Gerichtskosten sowie die Kosten des Insolvenzverwalters und der Mitglieder des vorläufigen Gläubigerausschusses, während § 55 InsO die sonstigen Masseverbindlichkeiten normiert, die im Falle der Masseunzulänglichkeit nur quotal befriedigt werden, §§ 208 ff. InsO.

Die Befriedigung der Verfahrenskosten und sonstigen Masseverbindlichkeiten erfolgt dabei – solange keine Masseunzulänglichkeit eintritt – grundsätzlich außerhalb der Regelungen des Insolvenzverfahrens, m. a. W. nicht im Wege des einem Gesamtvollstreckungsverfahren im Übrigen systemimmanenten quotalen und gleichrangigen Verteilungsprinzips, also der *par condicio creditorum*. Sie werden vielmehr aus der im Übrigen der Haftungsverwirklichung der Gläubiger dienenden Insolvenzmasse nach dem (hier sog.) Wasserfallprinzip vorab abgeschöpft. Ihrer Befriedigung geht nur die Befriedigung der Aus- und Absonderungsgläubiger vor. Die gesetzliche Regelung über die Verfahrenskosten ist, was die Rechtsfolge der zwingenden Deckung der Vergütung des (vorläufigen) Insolvenzverwalters angeht – darauf wird noch einzugehen sein – quasi zwingend, da anderenfalls die ordnungsgemäße Abwicklung eines Insolvenzverfahrens nicht möglich wäre, solange sich der Staat zur Abwicklung des Verfahrens eines Privaten bedient und sich dagegen entschieden hat, die Abwicklungsaufgabe selbst oder durch einen Beliehenen[116] und/oder auf eigene Kosten zu erledigen[117]. Zur Übernahme des Amtes als Insolvenzverwalter wird nämlich nur derjenige bereit sein, der hinsichtlich seiner Vergütung nicht auf die Quote verwiesen wird, sondern der eine sichere Gegenleistung für seine Tätigkeit erwarten kann[118].

Insoweit ist auch die Entscheidung des BGH vom 07.02.2013[119] bedenklich.

Hier war dem Schuldner die Stundung für die Wohlverhaltensperiode versagt worden. Der BGH verneinte eine Subsidiärhaftung des Staates gem. § 63 Abs. 2 InsO. Diese setze die Stundung gerade voraus. Fehle es an dieser, „liegt das volle Kostenerstattungsrisiko beim Insolvenzverwalter". Es ist kaum einsehbar, dass ein auf staatliche Veranlassung hin tätiger Privater aufgrund solcher Umstände mit seiner Vergütung ausfällt, die ein anderes Privatrechtssubjekt (nämlich der sich nicht wohlverhaltende Schuldner) zu vertreten hat.

Gleiches – also die fehlende Bereitschaft tätig zu werden, wenn die Gegenleistung allein in der Quote läge – gilt für Vertragspartner des Insolvenzverwalters. Diese werden mit ihm nur dann Geschäfte in Bezug auf die Masse tätigen, wenn sichergestellt ist, dass sie die Gegenleistung auch tatsächlich erhalten. Ohne die Regelungen der §§ 53 ff. InsO wäre damit eine Insolvenzverwaltung unter Einschaltung eines Privaten als Insolvenzverwalter ebenso wenig denkbar wie eine Sanierung des schuldnerischen Unternehmens, die § 1 S. 2 InsO aber gerade voraussetzt, egal, in welches Rangverhältnis man diese zur Gläubigerbefriedigung setzt.

---

116 Der der Insolvenzverwalter als Inhaber eines „privaten Amtes" unstreitig nicht ist. Hierzu nur Papier in: Münchener Kommentar zum BGB, § 839 Rn. 134; so bereits LG Kassel JW 1936, 2356.

117 Zur Rechtsstellung des Insolvenzverwalters und den hierzu vertretenen Theorien: Kluth NZI 2000, 351.

118 Häsemeyer Rn. 14.02; MünchKomm-Hefermehl, § 53 Rn. 1. Siehe dazu bereits oben A. V. 5.

119 Az. IX ZB 75/12 = BeckRS 2013, 04120.

1.3 Rückblick: Behandlung in der Konkursordnung

Die Regelungen der Insolvenzordnung über die Masseverbindlichkeiten erfolgten in Anlehnung an die Vorschriften der Konkursordnung, wobei die frühere Aufteilung der Masseverbindlichkeiten in Massekosten und Masseschulden aufgegeben wurde.

Massekosten waren nach § 58 KO die gerichtlichen Kosten für das gemeinschaftliche Verfahren sowie die Ausgaben für die Verwaltung, Verwertung und Verteilung der Masse.

Masseschulden bildeten nach § 59 Abs. 1 und 2 KO die Verbindlichkeiten aus Rechtsgeschäften und sonstigen Handlungen des Konkursverwalters wie auch die Verbindlichkeiten aus zweiseitigen Verträgen, deren Erfüllung der Konkursverwalter wählte oder deren Erfüllung kraft Gesetzes für die Zeit nach Eröffnung des Verfahrens erfolgen musste.

Der Umfang der Masseverbindlichkeiten wurde über diese ursprüngliche Konzeption der Konkursordnung im Laufe der Zeit durch Gesetzgebung und Rechtsprechung mehr und mehr ausgeweitet[120]. Folge war häufig die Aushöhlung der Masse. Es war daher erklärtes Ziel der Insolvenzrechtsreform, die Verteilungsgerechtigkeit zu erhöhen[121]. Infolgedessen wurde u. a. die Vorschrift des § 59 Abs. 1 Nr. 3 KO über die sogenannten unechten Masseverbindlichkeiten nicht in die Insolvenzordnung übernommen mit der Konsequenz, dass u. a. die Ansprüche der Arbeitnehmer aus dem Vorinsolvenzzeitraum zu Insolvenzforderungen i. S. d. § 38 InsO wurden.

Im Konkursverfahren stellten die durch den Sequester – einer durch das Schrifttum und die Rechtsprechung praeter legem entwickelten Rechtsfigur – eingegangenen Verbindlichkeiten, wenn sie bis zur Verfahrenseröffnung nicht befriedigt waren, Konkursforderungen dar. Masseverbindlichkeiten konnte der Sequester nach der Rechtsprechung nicht begründen[122].

Die Insolvenzordnung änderte dies:

Nach § 55 Abs. 2 InsO gelten die von einem vorläufigen Insolvenzverwalter begründeten Verbindlichkeiten als Masseverbindlichkeiten. Voraussetzung für

---

120 vgl. nur MünchKomm-Hefermehl, § 53 Rn. 2. Die Folge war eine Aushöhlung der Masse zu Lasten der Konkursgläubiger.

121 vgl. nur Andres/Leithaus, § 54 Rn. 2.

122 Siehe nur BGH, Urt. v. 10.07.1997 – IX ZR 234/96 = NJW 1997, 3028; auch nicht im Falle der Begründung durch den Schuldner und Zustimmung durch den Sequester: BGH a. a. O.; Kuhn/Uhlenbruck, § 59 Rn. 6a m. w. N.; a. A. Gerhardt, KTS 1982, 1 (8); Eickmann ZIP 1984, 728 (der von einer Regelungslücke ausging), dagegen aber überzeugend Kuhn/Uhlenbruck a. a. O.

die Umqualifizierung als Masseverbindlichkeit ist allerdings, dass es sich um einen vorläufigen Insolvenzverwalter i.S.d. § 22 Abs. 1 InsO handelt, einen vorläufigen Verwalter also, auf den die Verfügungsbefugnis über das Vermögen des Schuldners übergegangen ist. Obgleich die Verbindlichkeiten aus der Zeit vor Verfahrenseröffnung herrühren, ist ihre Einordnung als Masseverbindlichkeit im Grundsatz berechtigt. Sie dienen wie auch die sonstigen Masseverbindlichkeiten nach § 55 Abs. 1 InsO der ordnungsgemäßen Verfahrensabwicklung.

1.4 Die Vergütung des vorläufigen Insolvenzverwalters

1.4.1 Grundlagen

Gegenüber der Grauzone[123] der Vergütung des vormaligen Sequesters nach Konkursordnung hat die Insolvenzrechtliche Vergütungsverordnung (InsVV) die Vergütung des vorläufigen Insolvenzverwalters von der des endgültigen Insolvenzverwalters weitestgehend abgekoppelt[124].

§ 11 Abs. 1 Satz 1 InsVV bestimmt, dass der vorläufige Insolvenzverwalter für seine Tätigkeit besonders vergütet wird. Dies gilt auch dann, wenn er mit dem endgültigen Insolvenzverwalter personenidentisch ist: eine Anrechnung findet nicht statt[125]. Das gleiche gilt im Übrigen, wenn er durch das Gericht gleichzeitig auch beauftragt wurde, als Sachverständiger zu prüfen, ob die Verfahrenskosten gedeckt sind, § 11 Abs. 4 InsVV: Hierfür ist er nach den Regelungen des JVEG gesondert zu entschädigen[126].

Wie gegenüber dem endgültigen Insolvenzverwalter, so besteht auch gegenüber dem vorläufigen Verwalter die Rechtspflicht zur Zahlung einer angemessenen Vergütung wegen der Übertragung der von ihm zu erledigenden Aufgaben[127].

123 so plakativ H/W/F, § 11 Rn. 1.

124 H/W/F, § 11 Rn, 1 spricht von einem eigenständigen und verfassungsrechtlich verfestigten Anspruch des vorläufigen Insolvenzverwalters auf eine Vergütung, ohne dass es dafür noch einer Bezugnahme auf die Vergütung des endgültigen Insolvenzverwalters bedürfe.

125 Allgemeine Meinung, siehe nur Nerlich/Römermann-Commandeur, § 11 Rn. 1.

126 Dies verkennt der BGH in seiner Entscheidung vom 22.01.2004, IX ZB 123/03 = NZI 2004, 245, wenn er in der Vergütung als Sachverständiger einen Ansatzpunkt für eine einen unzulässigen Eingriff in Art. 12 GG ausschließende Mischkalkulation sieht.

127 BGH, B. v. 16.06.2005 – IX ZB 264/03 = ZInsO 2005, 804 (805); BGHZ 146, 165 (174); BGHZ 157, 282 (286).

Im Bereich der Vergütung des vorläufigen Insolvenzverwalters befand sich zuletzt vieles im Fluss, zumal nachdem der Bundesgerichtshof am 15.11.2012[128] seine Rechtsprechung zur Einbeziehung mit Absonderungsrechten belasteter Vermögenswerte präzisierte.

In dem entschiedenen Fall beantragte der vorläufige Insolvenzverwalter die Festsetzung seiner Vergütung auf Basis einer Berechnungsgrundlage, die auch ein mit Absonderungsrechten belastetes Grundstück enthielt, das später ohne Massemehrung zwangsversteigert wurde. Der BGH entschied, dass Berechnungsgrundlage gem. § 11 Abs. 1 S. 2 InsVV das Vermögen sei, auf das sich die Tätigkeit des vorläufigen Verwalters während des Eröffnungsverfahrens erstrecke. Gegenstände, die mit Absonderungsrechten belastet seien, seien bei der Vergütung des vorläufigen Insolvenzverwalters nur zu berücksichtigen, wenn sich dieser erheblich mit ihnen beschäftigt habe, § 11 Abs. 1 S. 4 InsVV. Ein wertausschöpfend belasteter Gegenstand wirke sich aber nicht auf die Berechnungsgrundlage aus, sondern führe zu einem Zuschlag zur Regelvergütung[129]. Nur eine etwaige Massemehrung aus dem mit Absonderungsrechten belasteten Gegenstand wirke sich auf die Berechnungsgrundlage aus.

In Folge dieser Rechtsprechung hat der Gesetzgeber durch das Gesetz zur Verkürzung des Restschuldbefreiungsverfahrens und zur Stärkung der Gläubigerrechte in § 63 InsO einen Absatz 3 eingefügt, der mit Wirkung zum 18.07.2013 den Vergütungsanspruch des vorläufigen Insolvenzverwalters eigenständig und nicht wie bisher als Annex zur Vergütung des endgültigen Insolvenzverwalters normiert. Dabei ergibt sich aus der Begründung des Gesetzgebers, dass dieser davon ausgeht, dass eine angemessene Entlohnung der Tätigkeit des vorläufigen Insolvenzverwalters sichergestellt werden müsse und die Vergütung des vorläufigen Insolvenzverwalters isoliert und aus sich heraus zu betrachten sei.

1.4.2 Vergütungssystem

In Bezug auf die Höhe der Vergütung des vorläufigen Insolvenzverwalters bestimmt § 11 Abs. 1 Satz 2 InsVV, dass dieser in der Regel 25% der Vergütung nach § 2 Abs. 1 InsVV in Bezug auf das Vermögen erhält, auf das sich seine Tätigkeit während des Eröffnungsverfahrens erstreckt. Die notwendige Flexibilität, die erforderlich ist, um eine für den jeweiligen Einzelfall angemessene Vergütung festzusetzen, wird dadurch erreicht, dass § 11 Abs. 3 InsVV bei der Bemessung der Vergütung des vorläufigen Insolvenzverwalters auf Art, Dauer und Umfang dessen Tätigkeit Rücksicht nimmt. Aus der Verweisung in § 10 InsVV ergibt sich, dass auch auf die Vergütung des vorläufigen Insolvenzverwalters die Regelung des

128 BGH, B. v. 15.11.2012 – IX ZB 130/10 = NZI 2013, 183.
129 BGHZ 168, 321.

§ 3 InsVV über Zu- und Abschläge anzuwenden ist. Gleichwohl ist die Vergütung des vorläufigen Insolvenzverwalters Tätigkeits-, nicht Erfolgsvergütung[130].

Die Entscheidung des BGH vom 15.11.2012[131] zur Berechnungsgrundlage der Vergütung des vorläufigen Insolvenzverwalters ist mit diesem Grundsatz nur schwer in Einklang zu bringen. Hier stellte der BGH u. a. die Unwirksamkeit des § 11 Abs. 1 S. 4 InsVV insoweit fest, als er anordnet, dass der Wert von Gegenständen, an denen Aussonderungsrechte bestehen, der Berechnungsgrundlage für die Vergütung des vorläufigen Insolvenzverwalters hinzuzurechnen sind. Der Senat hatte diese Frage in der Vergangenheit stets offengelassen[132]. Rechtsgrundlage der InsVV ist § 65 InsO. Nach § 63 Abs. 1 InsO sei Berechnungsgrundlage der Vergütung die Insolvenzmasse zur Zeit der Beendigung des Verfahrens. Insolvenzmasse sei nach § 35 Abs. 1 InsO das dem Schuldner gehörende Vermögen und damit, wie auch § 47 InsO zeigt, gerade nicht aussonderungsrechtsbelastete Gegenstände. Für den vorläufigen Insolvenzverwalter gilt gem. § 21 Abs. 2 S. 1 Nr. 1 InsO die Vorschrift des § 63 Abs. 1 S. 2 InsO entsprechend. Damit dürften auch beim vorläufigen Insolvenzverwalter auszusondernde Gegenstände nicht in die Berechnungsgrundlage einbezogen werden. Dies könne die InsVV nicht ändern; die entgegenstehende Regelung sprenge die Grenzen der Ermächtigung in § 65 InsO[133].

Die Entscheidung knüpft an die Entscheidungen des BGH vom 14.12.2005[134] und 14.12.2000[135] an. § 11 InsVV war 2006[136] geändert worden und zwar als Reaktion auf die kaum mehr nachvollziehbare Rechtsprechung der Einbeziehung von mit Aus- und Absonderungsrechten belasteten Vermögensgegenständen in die Berechnungsgrundlage. Mit der Regelung des § 11 Abs. 1 S. 4 InsVV über die Einbeziehung von mit Aussonderungsrechten belasteten Vermögensgegenstände im Falle der erheblichen Befassung setzte der Verordnungsgeber die Entscheidungen des BGH vom 14.12.2000[137] und 14.12.2005[138] um. Noch in der erstgenannten Entscheidung vom 14. 12. 2000 hielt der BGH die Einbeziehung des Werts eines Aussonderungsgegenstands in die Berechnungsgrundlage der Vergütung eines vorläufigen Insolvenzverwalters für unproblematisch, obwohl die InsVV dies zum damaligen Zeitpunkt nicht vorsah. Und auch in der späteren Entscheidung begründete der BGH die Änderung seiner Rechtsprechung, wonach diese Tätigkeit nicht mehr in der Berechnungsgrundlage sondern über die Bemessung eines angemessenen

130 Statt aller: H/W/F, Vorbem. vor § 1 InsVV, Stichwort „Tätigkeitsvergütung" und Rn. 33.
131 Az. IX ZB 88/09 = NJW 2013, 532.
132 BGH, B. v. 11.03.2010 – IX ZB 122/08 = ZIP 2010, 1909.
133 so auch Raebel FS Fischer S. 459 (479 ff.).
134 BGH, B. v. 14.12.2005 – IX ZB 256/04 = NZI 2006, 284.
135 Graeber, NZI 2001, 184.
136 Durch die 2. Verordnung zur Änderung der InsVV vom 21.12.2006 (BGBL I 2006, 3389).
137 Graeber, NZI 2001, 184.
138 BGH, B. v. 4.12.2005 – IX ZB 256/04 = NZI 2006, 284.

Zuschlags zu würdigen sei, nicht damit, eine Einbeziehung belasteter Gegenstände in die Berechnungsgrundlage widerspräche den gesetzlichen Vorgaben der InsO in § 63. Das Verbot der Einbeziehung in die Berechnungsgrundlage, anstelle derer höchstens ein Zuschlag zur Vergütung treten kann, dürfte dazu führen, dass die Vergütung des vorläufigen Insolvenzverwalters in der Praxis tendenziell wesentlich niedriger ist. Dies widerspricht jedoch der Einordnung der Tätigkeit als Tätigkeits- und nicht Erfolgsvergütung. Denn hierfür kann es an sich keinen Unterschied machen, ob ein Gegenstand, mit dem sich der vorläufige Insolvenzverwalter im Rahmen des Antragsverfahrens erheblich befasst hat, im Eigentum des Schuldners steht oder nicht.

1.5 Vergütungsfestsetzung

Die Vergütungsfestsetzung erfolgt durch das Insolvenzgericht. Ergänzend gilt § 8 InsVV, wonach auf Antrag des vorläufigen Insolvenzverwalters Vergütung und Auslagen getrennt durch das Gericht festgesetzt werden. Dem Eigeninteresse des „Unternehmers" vorläufiger Insolvenzverwalter dient § 9 InsVV, wonach dieser aus der Masse einen Vorschuss verlangen kann.

Dies gilt jedoch nur, wenn es aufgrund des gleichen Insolvenzantrages, der Grundlage für die Anordnung der vorläufigen Verwaltung war, zur Eröffnung des Insolvenzverfahrens kommt.

Das Gesetz zur Verkürzung des Restschuldbefreiungsverfahrens und zur Stärkung der Gläubigerrechte[139] nimmt mit Wirkung zum 01.07.2014 einschneidende Änderungen vor: Hierdurch wird § 63 InsO ein Absatz 3 angefügt werden, der regelt, dass die Tätigkeit des vorläufigen Insolvenzverwalters separat vergütet wird und er in der Regel 25% der Vergütung des endgültigen Insolvenzverwalters erhält, bezogen auf das Vermögen, auf das sich seine Tätigkeit während des Eröffnungsverfahrens erstreckt. Dadurch wird die Regelung des § 11 InsVV in die InsO implentiert. Ferner wird auch die Verordnungsermächtigung in § 65 InsO dahingehend geändert, dass sie künftig auch den vorläufigen Insolvenzverwalter umfasst.

Ausweislich der Begründung des Rechtsausschusses[140] habe die Rechtsprechung der Bundesgerichthofs zur fehlenden Einbeziehbarkeit von mit Aussonderungsrechten und wertausschöpfend mit Absonderungsrechten belasteten Vermögensgegenständen (BGH, B. v. 15.11.2012 – IX ZB 88/09 und IX ZB 130/10[141] sowie BGH, B. v. 07.02.2012 – IX ZB 286/11) nicht der gesetzlichen Konzeption der Vergütungsregelungen entsprochen. Der vorläufige Insolvenzverwalter müsse eine angemessene

139 Gesetzesentwurf der Bundesregierung vom 10.08.2012: BR-Drs. 467/12.

140 Beschlussempfehlung und Bericht des Rechtsausschusses (6. Ausschuss) vom 15.05.2012, dort zu Art. 9, BT-Drs. 1/13535.

141 Siehe hierzu auch die Anm. von Smid in ZInsO 2013, 321.

Entlohnung erhalten. Seine Vergütung sei gegenüber des endgültigen Insolvenzverwalters aufgrund der Strukturverschiedenheit dieser beiden Tätigkeiten isoliert zu betrachten. Die Tätigkeiten hätten andere Schwerpunkte, ergo sei auch die Vergütung anders zu ermitteln. Der Gesetzgeber will damit klarstellen, dass der gesetzlichen Konzeption der Vergütung des vorläufigen Insolvenzverwalters kein Überschussprinzip zugrunde liege.

In den o.g. Entscheidungen vom 15.11.2012 hat der 9. Zivilsenat darauf erkannt, dass bei der Berechnungsgrundlage für die Vergütung eines vorläufigen Verwalters der Wert eines Gegenstands, an dem ein Absonderungsrecht besteht, auch dann Berücksichtigung finde, wenn der vorläufige Verwalter den Gegenstand nicht verwertet. Allerdings dürfe ein solcher mit Absonderungsrechten belasteter Gegenstand bei der Feststellung der Berechnungsgrundlage für die Vergütung des vorläufigen Verwalters nur in dem Umfang wertmäßig berücksichtigt werden, in dem der Wert des verwalteten Vermögens des Schuldners durch ihn erhöht werde. Ein wertausschöpfend mit Absonderungsrechten belasteter Vermögensgegenstand sei überhaupt nicht zu berücksichtigen.

Gleichwohl sich dies aus dem Wortlaut des § 54 InsO nicht ergibt, stellen die Kosten der vorläufigen Verwaltung aufgrund eines Antrages, der nicht zur Eröffnung des Verfahrens führte, nach der Rechtsprechung des Bundesgerichtshofs keine Verfahrenskosten i. S. d. § 54 InsO in einem aufgrund eines später gestellten Antrages eröffneten Insolvenzverfahren dar[142].

Bereits in seiner zur KO ergangenen Entscheidung vom 09.10.2008[143] verwies der BGH darauf, dass sich § 58 Nr. 2 KO auf die im selben Verfahren entstandenen Kosten beschränke.

Der Entscheidung lag im Wesentlichen folgender Sachverhalt zugrunde:

Aufgrund eines Gläubigerantrages vom 14.05.1997 bestellte das Konkursgericht am 23.07.1997 einen Sequester. Am 08.08.1997 nahm der Gläubiger den Konkursantrag zurück; die Sequestration wurde aufgehoben. Das Amtsgericht setzte am 03.11.1998 die Vergütung des vormaligen Sequesters auf. Auf einen erneuten Fremdantrag vom 20.08.1997 hin wurde das Konkursverfahren am 01.03.1998 eröffnet und der vormalige Sequester des Erstverfahrens zum Konkursverwalter bestellt. Er entnahm der Masse am 02.12.1998 die in die in dem Erstverfahren festgesetzte Sequestervergütung, deren Erstattung ein sodann bestellter Sonderverwalter klageweise zurückverlangte.

Der BGH gab der Klage statt, da der Konkursverwalter nur eine solche Vergütung an sich selbst zahlen dürfe, die er in dem eröffneten Verfahren gem. § 58 Nr. 2 KO als Massegläubiger zu beanspruchen habe. Die Vergütung des Sequesters aus

142 BGH, B. v. 09.10.2008 – IX ZR 168/07 = NZI 2009, 53 für den Sequester nach KO.
143 BGH, B. v. 09.10.2008 – IX ZR 168/07 = NZI 2009, 53.

einem nicht zur Eröffnung gelangten Verfahren gehöre aber nicht zu den Massekosten eines auf einen späteren Antrag hin eröffneten Konkursverfahrens. Ähnlich sei die Regelung im Falle des Anschlusskonkurses, §§ 105, 102 VerglO, während hingegen dann, wenn nach dem Vergleichsverfahren ein selbständiges Konkursverfahren eröffnet werden, diese Vorschriften unanwendbar seien[144]. Im Verhältnis zweier aufeinanderfolgender selbständiger Konkursverfahren fehle es an einer gesetzlichen Grundlage, um die früheren Kosten als Massekosten des späteren Verfahrens zu behandeln. § 58 Nr. 2 KO setze eine Festsetzung der Vergütung durch das Konkursgericht nach § 85 KO voraus, die die in einem anderen Verfahren von einem anderen Konkursgericht festgesetzten Beträge nicht erfasse. Auch der an ein übergreifendes Konkursereignis anknüpfende Gesichtspunkt der materiellen Verfahrenseinheit[145] sei nicht geeignet, den Vergütungsanspruch des Sequesters auf die Masse eines später eröffneten Konkursverfahrens zu verlagern. Die gegenteilige Betrachtungsweise würde zu einer mit dem Gesetz nicht zu vereinbarenden unzulässigen Vorwegbefriedigung des vormaligen Sequesters als Altgläubiger führen. Die daraus folgenden Härten kann der Sequester durch die Anforderung eines Vorschusses vermeiden.

Hierzu wurde oben[146] bereits darauf hingewiesen, dass dies in dieser Allgemeinheit nicht stimmt. Auch unter Geltung der Rechtslage nach Konkursordnung war unklar, woraus sich ein Vorschussanspruch vor Übernahme der Tätigkeit ergeben sollte, zumal bei Anordnung von Sicherungsmaßnahmen zur Sicherung der späteren Maßnahme ein unverzügliches Tätigwerden (Sicherung der künftigen Masse) erforderlich ist.

2. Vergütungsanspruch bei fehlender (unmittelbarer) Verfahrenseröffnung vor Inkrafttreten des ESUG

Infolge der o.g. Rechtsprechung des Bundesgerichtshofs war vor Inkrafttreten des ESUG im Falle der Erledigung des Erstantrages, in dem die vorläufige Verwaltung angeordnet wurde, für eine Vergütungsfestsetzung ebenso wenig Raum wie für eine Behandlung der Kosten als Verfahrenskosten in einem Zweitverfahren.

144 So bereits BGHZ 59, 356.
145 So Ries ZInso 2005, 414 (415); ders. ZInsO 2007, 1102 (1104).
146 Siehe A. V. 5.1 a. E.

Dessen ungeachtet entschied jedoch der Bundesgerichtshof Ende 2007, dass dem ehemaligen vorläufigen (Gesamtvollstreckungs-) Verwalter gegen das Unternehmen ein Vergütungsanspruch zustehe[147]:

Der Entscheidung lag im Wesentlichen folgender Sachverhalt zugrunde:

Der Fiskus beantragte wegen einer Steuerforderung die Eröffnung eines Gesamtvollstreckungsverfahrens über das Vermögen der Bekl. Das Amtsgericht ordnete die Sequestration des Vermögens der Bekl. an und bestellte den Kl. zum Sequester. Später wies das Gericht den Eröffnungsantrag wegen örtlicher Unzuständigkeit ab; die Kosten des Verfahrens legte es dem antragstellenden Fiskus auf.

Auf Antrag des Klägers setzte das AG die von dem Antragsteller zu tragenden Kosten fest. Auf dessen Beschwerde hin hob das LG Schwerin diesen Beschluss auf und verwies die Sache an das AG zurück. Nunmehr entschied das Amtsgericht, die Kosten des Verfahrens mit Ausnahme derjenigen für die Sequestration seien vom Antragsteller zu tragen. Die hiergegen vom Kläger eingelegte sofortige Beschwerde verwarf das Landgericht als unzulässig, da er durch die Kostenentscheidung nicht beschwert sei. Dieser erhob daraufhin Zahlungsklage. Er machte gegen die Beklagte als Inhaberin des verwalteten Vermögens sodann einen Anspruch auf Ersatz der Sequesterkosten geltend.

Die Klage hatte in den Vorinstanzen Erfolg. Mit ihrer vom Berufungsgericht zugelassenen Revision verfolgte die Bekl. den Klageabweisungsantrag weiter, jedoch ohne Erfolg.

Der BGH führte aus, die Tätigkeit des Sequesters könne nicht unvergütet bleiben. Darüber bestehe in Rechtsprechung und Schrifttum Einigkeit. Eine Ausfallhaftung des Staates komme nicht in Betracht. Die Ansicht, der antragstellende Gläubiger müsse auch die Vergütung und Auslagen des vorläufigen Insolvenzverwalters tragen, wenn der Eröffnungsantrag aus Gründen zurückgewiesen werde, die in seiner Sphäre läge, sei weit verbreitet, entbehre jedoch einer gesetzlichen Grundlage. Die Kosten seien vielmehr ausschließlich vom Schuldner aufzubringen. Dies entspreche auch der Rechtsprechung des BGH[148]. Auch ergebe sich aus § 25 Abs. 2 S. 1 InsO, dass der Gesetzgeber als selbstverständlich davon ausgegangen sei, der Schuldner müsse mit seinem Vermögen für die Vergütung einstehen. Dem vorläufigen Insolvenzverwalter stehe ein Vergütungsanspruch analog der Vergütung des Vermögenspflegers (§§ 1835, 1836, 1915, 1987, 2221 BGB) zu. Wenngleich der vorläufige Insolvenzverwalter ohne Verfügungsbefugnis das schuldnerische

147 BGH, Urt. v. 13.12.2007 – IX ZR 106/06 = BGHZ 175, 48 ff.
148 BGHZ 157, 370 (377).

Vermögen nicht verwaltet habe, habe er doch „die Verwaltung durch den Schuldner in einer (seinen) persönlichen Einsatz erfordernden Weise begleitet“[149].

Die vom Bundesgerichtshof für seine Analogie bemühten Vorschriften sind nicht nur in ihrem Regelungsgegenstand, sondern auch in ihrem Inhalt durchaus verschieden:

§ 1835 BGB regelt den Ersatzanspruch des Vormundes, der zum Zwecke der Führung der Vormundschaft Aufwendungen für das Mündel tätig und normiert die Anwendbarkeit der Vorschriften über den Auftrag, §§ 669, 670 BGB; § 1915 BGB erstreckt die Vorschrift auf die Pflegschaft. § 1987 BGB normiert, dass der Nachlassverwalter für seine Tätigkeit eine angemessene Vergütung verlangen kann. Gleiches gilt für den Testamentsvollstrecker nach § 2221 BGB. Gemein ist diesen Vorschriften, dass sich der Ersatz- bzw. Vergütungsanspruch gegen denjenigen richtet, in dessen Interesse die Tätigkeit entfaltet wird. Der Vormund wird im Interesse seines Mündels tätig; daher richtet sich der Aufwendungsersatzanspruch gegen dieses. Beim Testamentsvollstrecker sind Schuldner des Vergütungsanspruchs die Erben, da es sich um eine Nachlassverbindlichkeit handelt[150]. Der Nachlassverwalter kann eine Vergütung aus dem Nachlass verlangen[151].

Demgegenüber liegen die vorläufige Insolvenzverwaltung und die durch sie entstehenden Kosten in den seltensten Fällen im Interesse des Schuldners. Das Bemühen des Bundesgerichthofs, die Tätigkeit des vorläufigen Verwalters im Ergebnis nicht unbezahlt zu lassen ist ebenso offensichtlich wie seine Anstrengung um die Suche nach einer Anspruchsgrundlage. Mögen sich die von ihm herangezogenen Vorschriften auch auf jeweils auf Fälle beziehen, in denen ein durch Hoheitsakt bestellter Privater fremdes Vermögen verwaltet, so unterscheiden sich die Vorschriften doch insoweit, als bei Ihnen derjenige die Kosten trägt, in dessen Interesse die Tätigkeit lag. Dies wären aber im Insolvenzfall in der Regel die Gläubiger und nicht der Schuldner. Dieser Unterschied bereitet – dies wird noch zu zeigen sein – im Rahmen einer etwaigen Anfechtbarkeit der Zahlungen erhebliche Schwierigkeiten.

Ungeachtet des Umstandes, dass es dem Bundesgerichtshof damit gelang, den Vergütungsanspruch des vorläufigen Insolvenzverwalters materiell zu verorten, war dieser jedoch mangels Festsetzbarkeit durch das Gericht darauf angewiesen, diesen Anspruch im Zivilrechtswege durchzusetzen, wenn der ehemalige Schuldner – was die Regel sein dürfte – nicht freiwillig zahlt.

149 Übrigens eine bemerkenswerte Wendung, trifft sie doch auf jeden vorläufigen Zustimmungsverwalter zu, der sich pflichtgemäß verhält. Es ist auch offen, welche Konsequenz sich hieraus ergeben soll, lehnt doch der BGH eine Gleichstellung des (sog.) schwachen mit dem sog. starken Verwalter u. a. im Rahmen des § 55 Abs. 2 InsO gerade ab.

150 Mayer in Beck-OK BGB, § 2221 Rn. 19.

151 Lohmann in Beck-OK-BGB, § 1987 Rn. 1.

Denn zur Aufhebung einer vorläufigen Verwaltung ohne die unmittelbare Eröffnung eines nachfolgenden Insolvenzverfahrens kommt es typischerweise im Falle der Rücknahme oder Erledigung des Insolvenzantrages. Zu diesen wiederum kommt es erfahrungsgemäß nicht im Falle des Eigenantrages, sondern des Fremdantrags. Hier hält sich regelmäßig bereits das Verständnis des Betroffenen für die Notwendigkeit der Anordnung von Sicherungsmaßnahmen in Grenzen, erst recht die Einsichtsfähigkeit dahingehend, dass diese Tätigkeit, die aus Sicht des falliten Unternehmens so überhaupt nicht in seinem Interesse liegt, auch bezahlt werden muss.

Hinzukommt, dass aufgrund der Vielzahl der „Druck- und Stapelanträge" in zahlreichen Fällen die Rücknahme oder Erledigung nicht nach vorangegangener Wiederherstellung der wirtschaftlichen Leistungsfähigkeit, also Beseitigung der Insolvenzgründe erfolgt, sondern schlicht nach Zahlung des Betroffenen, der mitunter die letzten Barreserven mobilisiert, um den Antrag zur Erledigung zu bringen. Hier besteht demgemäß häufig überhaupt nicht mehr die wirtschaftliche Potenz zur Zahlung der Vergütung des ehemaligen vorläufigen Insolvenzverwalters.

Schließlich muss sich der ehemalige vorläufige Insolvenzverwalter auch überlegen, ob er den Anspruch tatsächlich geltendmacht. Denn er wäre, worauf *Graeber* zu Recht hinweist[152], als (vorläufiger) Insolvenzverwalter in einem möglicherweise (und in der Praxis naheliegenden) anstehenden Folgeverfahren Insolvenzgläubiger und damit zur Übernahme des Amtes als Insolvenzverwalter ungeeignet.

Im Ergebnis bedeutet dies, dass der ehemalige vorläufige Insolvenzverwalter in einem nicht zur Eröffnung gelangenden Verfahren regelmäßig ausfüllt. Der ihm durch den BGH zugestandene materiell-rechtliche Vergütungsanspruch kommt mithin in den allermeisten Fällen einem Pyrrhussieg gleich.

3. Vergütungsanspruch bei fehlender (unmittelbarer) Verfahrenseröffnung <u>nach</u> Inkrafttreten des ESUG

Die Rechtslage hat sich mit Inkrafttreten des Gesetzes zur weiteren Erleichterung der Sanierung von Unternehmen jedoch geändert. Wie oben[153] bereits ausgeführt wurde, lässt der durch dieses Gesetz neu geschaffene § 26a InsO die Festsetzung

152 Graeber FS Haarmeyer, S. 80.
153 Siehe A. IV. 3.

der Vergütung auch dann zu, wenn es nicht zur Verfahrenseröffnung kommt. Der ehemalige vorläufige Insolvenzverwalter erhält einen verfahrensrechtlichen Erstattungsanspruch unmittelbar gegen den Schuldner.

Dabei regelt § 26a InsO in der bis zum 30.06.2014 geltenden Fassung nicht, gegen wen der Vergütungsanspruch festzusetzen ist. Daher wird diese Vorschrift durch das Gesetz zur Verkürzung des Restschuldbefreiungsverfahrens und zur Stärkung der Gläubigerrechte mit Wirkung zum 01.07.2014 dahingehend neu gefasst, dass gem. § 26a Abs. 2 InsO n. F. die Festsetzung *gegen den Schuldner* erfolgt, es sei denn, der Eröffnungsantrag ist unzulässig oder unbegründet und den antragstellenden Gläubiger trifft ein grobes Verschulden. In diesem Fall sind künftig Vergütung und Auslagen des vorläufigen Insolvenzverwalters ganz oder teilweise dem Gläubiger aufzuerlegen und gegen ihn festzusetzen. Ein grobes Verschulden liegt insbesondere dann vor, wenn der Antrag von vornherein keine Aussicht auf Erfolg hatte und der Gläubiger dies erkennen musste. Der Gesetzgeber normiert damit eine vergütungsrechtliche Direkthaftung des antragstellenden Gläubigers gegenüber dem vorläufigen Insolvenzverwalter. Die Festsetzung zu Lasten des antragstellenden Gläubigers hat dabei nach Wortlaut und gesetzgeberischer Begründung Ausnahmecharakter. Dies ist nach der Vorstellung des Gesetzgebers geboten, da das mit einem Insolvenzantrag verbundene Haftungsrisiko hinsichtlich der Vergütung des vorläufigen Insolvenzverwalters unkalkulierbar sei und die Bestellung des vorläufigen Insolvenzverwalters nicht nur im Interesse des antragstellenden Gläubigers, sondern im Gesamtinteresse aller Gläubiger erfolge. Daher solle der antragstellende Gläubiger nur bei grobem Verschulden direkt haften.

Wie oben bereits ausgeführt wurde, steht dem ehemaligen vorläufigen Insolvenzverwalter damit ein (verfahrensmäßig eigentümliches) Verfahren zur Titulierung seiner Forderung zu, die ihm aber im Falle eines Zweitverfahrens nicht hilft, setzt sie ihn doch der Gefahr der Anfechtung seiner nach Titulierung gezahlten Vergütung aus.

4. Zwischenergebnis

Als Zwischenergebnis kann damit festgehalten werden:

Kommt es aufgrund desjenigen Antrages, der auch zur Anordnung der vorläufigen Insolvenzverwaltung führte, zur Verfahrenseröffnung, wird der Vergütungsanspruch des vorläufigen Verwalters dem Anspruch des endgültigen Insolvenzverwalters strukturell weitestgehend gleichgestellt. Fehlt es an einer Verfahrenseröffnung, lässt dies den Vergütungsanspruch des vorläufigen Verwalters unberührt. Eine kostenfreie Tätigkeit wird also nicht verlangt. Der Anspruch wird festgesetzt, in der Regel gegen den Schuldner. Durch die Regelung des § 26a InsO erfolgt also eine weitgehende Angleichung der Möglichkeiten der Durchsetzbarkeit der Vergütung des vorläufigen Insolvenzverwalters für den Fall der fehlenden unmittelbaren Verfahrenseröffnung an den Normalfall.

Die Anerkennung der Tätigkeit des vorläufigen Insolvenzverwalters als dem Grunde nach vergütungspflichtig, die Normierung einer Festsetzbarkeit der Vergütung des vorläufigen Verwalters im Falle der fehlenden Eröffnung des Insolvenzverfahrens nach § 26a InsO und schließlich der durch das Gesetz zur Verkürzung des Restschuldbefreiungsverfahrens und zur Stärkung der Gläubigerrechte neugefasste § 63 InsO zeigen eine weitgehende Annäherung der Vergütung des vorläufigen an die des endgültigen Insolvenzverwalters.

Dennoch verbleibt ein wesentlicher Unterschied: die Subsumtion der Vergütung des vorläufigen Insolvenzverwalters in einem nicht zur Eröffnung gelangenden Verfahren als Insolvenzforderung im Zweitverfahren bedingt das Risiko der Anfechtbarkeit.

Es wird sich daher im weiteren die Frage stellen, ob diese Subsumtion richtig ist, falls ja, inwieweit dies verfassungsrechtlich bedenklich ist und – sollte auch dies zutreffen – inwieweit es Möglichkeiten gibt, die Vorschriften der Insolvenzordnung verfassungskonform so auszulegen, dass das Ausfallrisiko des vorläufigen Verwalters in diesen Fällen nicht oder jedenfalls nicht im diesem Umfang besteht.

II. Problematik der Gleichstellung der Forderungen des vorläufigen Insolvenzverwalters mit den Forderungen anderer Insolvenzgläubiger

1. Ausgangspunkt

Der Bundesgerichtshof stellt in seiner Entscheidung vom 15.12.2011 fest, der ehemalige vorläufige Insolvenzverwalter sei mit seinem nicht befriedigten Vergütungsanspruch in einem Zweitverfahren Insolvenzgläubiger i. S. d. § 38 InsO, da sein Anspruch nicht den Massekosten unterfalle[154]. Dies entspricht ganz überwiegender Auffassung[155].

---

154 so bereits (allerdings ohne Begründung, da die Rechtsbeschwerde bereits nicht statthaft war) BGH, Beschl. v. 20.09.2007 – IX ZB 239/06 = BeckRS 2007, 16307; OLG Celle, Urt. v. 11.09.2007 – 16 U 291/06 = BeckRS 2007, 16070. Auf beide Entscheidungen bezieht sich der BGH auch in der hier in Rede stehenden Entscheidung.

155 Braun/Bäuerle, § 54 Rn. 20 unter Hinweis auf die sich auf die Vergütung des Sequesters beziehende Entscheidung BGH, B. v. 09.10.2008 – IX ZR 168/07 = NZI

Unterfällt der Vergütungsanspruch des ehemaligen vorläufigen Insolvenzverwalters im Zweitverfahren aber nicht dem Anwendungsbereich der § 53 f. InsO (Verfahrenskosten und sonstige Masseverbindlichkeiten), so bleibt nur seine Subsumtion als Insolvenzforderung i. S. d. § 38 InsO, da das Gesetz eine andere Forderungsqualität nicht kennt. Gleichwohl beruht diese Zuordnung nicht auf einer wertenden Betrachtung des Vergütungsanspruchs des ehemaligen vorläufigen Insolvenzverwalters, sondern vielmehr auf einer Ablehnung der Subsumierbarkeit unter die §§ 53 f. InsO; sie hat, wenn man so will, einen rein dezisiven Charakter, der vor dem Hintergrund des Wortlauts der §§ 54 f. InsO mitnichten zwingend ist, wie später noch zu zeigen sein wird.

Es fragt sich jedoch, ob nicht ein Vergleich der Vergütung des vorläufigen Insolvenzverwalters mit Forderungen des „typischen" Insolvenzgläubigers – wie z.B. denen eines Lieferanten – Anhaltspunkte dafür bietet, dass die Ansprüche des vorläufigen Insolvenzverwalters ihrer Struktur nach anders gelagert sind und daher vielleicht auch anders behandelt werden müssen.

2. Der „typische" Insolvenzgläubiger

Insolvenzgläubiger ist, wer einen zum Zeitpunkt der Eröffnung des Insolvenzverfahrens begründeten Vermögensanspruch gegen den Schuldner hat, § 38 InsO.

Dieser Grundsatz gilt jedoch nicht ausnahmslos, wie z.B. die Regelung über vom vorläufigen Insolvenzverwalter, auf den die Verwaltungs- und Verfügungsbefugnis übergegangen ist, begründeten Verbindlichkeiten zeigt, § 55 Abs. 2 InsO.

Auch die Vorschriften über die Nachlassinsolvenz dehnen Masseverbindlichkeiten auf vor Verfahrenseröffnung entstandene Verbindlichkeiten aus, § 324 InsO. Dieser Umstand beruht aber auf dem Bemühen, möglichst den Zustand zum Zeitpunkt der Erbschaft wieder herzustellen[156]. Dabei dehnt jedoch § 324 InsO den Begriff der Masseverbindlichkeiten nicht nur auf solche auch den Nachlassgläubigern dienende Geschäfte aus, die der Erbe oder eine andere mit der Verwaltung des Nachlasses befasste Person getätigt hat, sondern subsumiert auch unter Pietätsgesichtspunkten[157] Forderungen als Masseverbindlichkeiten, die per se Insolvenzforderungen wären, wie sich an § 324 Abs. 1 Ziff. 2 InsO zeigt.

2009, 53; Uhlenbruck/Sinz, § 54 Rn. 24; jedenfalls mittelbar auch MünchKomm-Hefermehl, § 54 Rn. 44.

156 Andres/Leithaus, § 324 Rn. 1.

157 So wörtlich Nerlich/Römermann-Riering, § 324 Rn. 6. Nach BGHZ 61, 238 (239) trägt die Masse die Kosten einer angemessenen und würdevollen Beerdigung.

Im Übrigen sind innerhalb der Insolvenzgläubiger im Sinne des § 38 InsO wiederum zwei Hauptgruppen zu unterscheiden:

Erstens die kleinere Gruppe derjenigen Gläubiger, deren Forderungen gegen den Schuldner zwangsläufig entstehen, sei es, dass sie als Private einem Kontrahierungszwang unterliegen, sei es, dass sie sich gegen die Gläubigereigenschaft nicht wehren können, wie z. B. die Sozialversicherungsträger. Dass der Gesetzgeber das Problem der letztgenannten Gläubigergruppe erkannt hat, zeigt augenscheinlich bereits die sich auf sog. „Stapelanträge" beziehende Regelung des § 14 Abs. 1 S. 2 InsO in der Fassung des Haushaltsbegleitgesetzes 2011. Der Gesetzgeber hat bei dieser Vorschrift im Wesentlichen den Fiskus wegen der Steueransprüche und die Sozialversicherungsträger im Blick gehabt[158].

Die weit größere Gruppe besteht *zweitens* aus den Forderungen derjenigen Gläubiger, die aufgrund privatautonomer Entscheidung entstehen und hinsichtlich derer sich im Falle der Insolvenz das vertragsimmanente Risiko eines Wertberichtigungsbedarfs ergibt. Dieses Risiko ist dem Gläubiger zumutbar, da er es in der Hand hat, dieses schon von vornherein zu vermeiden, indem er vom Vertragsschluss Abstand nimmt. Nimmt er das Risiko dem Grunde nach durch einen Vertragsschluss mit dem Gläubiger auf sich, hat er erstens die Möglichkeit, das Risiko zu streuen, indem er einen möglichen Wertberichtigungsbedarf „einpreist". Zweitens hat er es in der Hand, das Risiko in verschiedensten Intensitätsgraden abzuschirmen, sei es, indem er auf Zahlung Zug um Zug besteht, einen Vorschuss anfordert oder sich Sicherheiten einräumen lässt. Verzichtet er auf diese Sicherungsmittel und ergibt sich dann durch die Insolvenz seines Vertragspartners ein Wertberichtigungsbedarf, so beruht dieser Umstand grundsätzlich auf seiner privatautonomen Entscheidung, mag er diese getroffen haben, weil sich eine Sicherheit aus Gründen der Konkurrenz nicht durchsetzen ließ, mag er auf eine Sicherheit verzichtet und im Gegenzug den Preis erhöht haben. Jedenfalls aber standen ihm verschiedene Möglichkeiten zur Absicherung seiner Forderung zur

158 Begr RegE, BT-Drs 17/3030, S. 42. Streitig ist jedoch, ob die Vorschrift daher auch auf diese Gläubigergruppen beschränkt ist (AG Charlottenburg, Beschl. v. 09.01.2012 – 36d IN 4028/11; LG Koblenz, B. v. 09.08.2011 – 2 T 360/11 = ZInsO 2011, 1987 (1989) oder nicht (so HambKomm-Wehr, § 14 Rn. 66; FK-Schmerbach, § 14 Rn. 88c; A/G/R-Kadenbach, § 14 Rn. 23). Der BGH geht in seinem Beschluss v. 12.07.2012 – IX ZB 18/12 = ZInsO 2012, 1565 davon aus, dass ein rechtliches Interesse an der Fortsetzung „regelmäßig" nur bei Finanzbehörden und Sozialversicherungsträgern gegeben sei. Dagegen zu recht FK-Schmerbach, § 14 Rn. 88c; Gundlach/Rautmann NZI 2011, 315 (317); Kollbach ZInsO 2011, 1822 (1824); Pape ZInsO 2011, 2154 (2160); enger Marotzke ZInsO 2011, 841 (848); Hackländer/Schur ZInsO 2012, 901 (907).

Verfügung und er war nicht darauf angewiesen, entweder das volle Ausfallrisiko zu tragen oder – wenn er dies nicht will – auf die Geschäftschance durch einen Verzicht auf den Vertragsschluss gänzlich zu verzichten.

3. Die Situation des vorläufigen Insolvenzverwalters

Der Vergütungsanspruch des vorläufigen Insolvenzverwalters stellt vorbehaltlich der gesetzgeberischen Dezision des § 54 Ziff. 2, 1. Alt. InsO grundsätzlich eine Insolvenzforderung dar, da sein Anspruch im Zeitpunkt der Eröffnung des Insolvenzverfahrens begründet war. Doch stellt sich die Situation des vorläufigen Insolvenzverwalters anders dar als diejenige des (hier sog.) typischen Insolvenzgläubigers.

3.1 Ablehnungsmöglichkeit

Die Bestellung und die Tätigkeit des vorläufigen Insolvenzverwalters beruht auf der Einsetzung durch das Insolvenzgericht mit dem Ziel der Erhaltung der Masse im Interesse der Gläubigergesamtheit.

Natürlich hätte er, wie die unter der Vorziffer behandelten Gläubiger die Möglichkeit, auf das Geschäft in Gänze zu verzichten, indem er das ihm angetragene Amt a priori ablehnt. Es wurde jedoch bereits darauf hingewiesen, dass ein solches Vorgehen in praxi nicht sanktionslos wäre. Auch nach Inkrafttreten des ESUG muss ein Aspirant, der – nicht mit dem Hinweis auf Auslastung oder Abwesenheit, aber ein durch ihn nicht zu übernehmendes Vergütungsausfallrisiko – einen ihn angetragenen Fall ablehnt, damit rechnen, bei künftigen Fällen nicht bedacht zu werden. Seine Situation ist hier derjenigen eines Lieferanten ohne Marktmacht vergleichbar, der auf das Geschäft nicht verzichten kann oder will.

> Wenn eine Tätigkeit – wie des (vorläufigen) Insolvenzverwalters als Beruf anerkannt wird[159], dann darf eine einfachgesetzliche Regelung nicht dazu führen, dass der Prätendent aus rein wirtschaftlichen Gründen auf diese Tätigkeit verzichten muss.

3.2 Absicherung

Die außerhalb dieser Gläubigerschaft ohne Marktmacht einem Privatgläubiger offen stehende Möglichkeit der Absicherung hat der vorläufige Insolvenzverwalter nicht. Weder steht ihm nach der Rechtsprechung notfalls ein Ausfallanspruch

159 Dazu unter C. I.

gegen die Staatskasse zu, noch kann er sich andere Sicherheiten einräumen lassen[160]. Er ist auch faktisch nicht in der Lage, Zug um Zug zu leisten, indem er den Beginn seiner Tätigkeit davon abhängig macht, dass sichergestellt ist, dass seine Tätigkeit auch bezahlt wird.

Der BGH[161] hat zwar darauf hingewiesen, dass im Falle der voraussichtlich fehlenden Deckung der Vergütung die Bestellung eines vorläufigen Insolvenzverwalters von vornherein zu unterbleiben habe, anderenfalls eine Staatshaftung drohe.

Dieser Aspekt berücksichtigt jedoch weder, dass Sicherungsmaßnahmen bisweilen auch bei völlig ungeklärter Sachlage zu Aufklärungszwecken erfolgen und ergo die Frage der voraussichtlichen Deckung der Kosten noch nicht erfolgt sein kann. Sie berücksichtigt auch nicht den sich dem Grunde nach bereits aus dem Wortlaut des § 21 Abs. 1 S. 1 InsO ersichtlichen Zeitdruck, unter dem das Gericht steht, wenn es bei einem angenommenen Sicherungsbedürfnis die erforderlich *erscheinenden* Maßnahmen anordnen *muss*.

Auch scheidet die Festsetzung eines Vorschusses praktisch aus.

Zwar steht auch dem vorläufigen Insolvenzverwalter ein Vorschuss auf seine zu erwartende Vergütung und die Auslagen zu, §§ 11, 9 InsVV. Allerdings entspricht es überwiegender Meinung, dass das als Vorschuss festgesetzt wird, was im Zeitpunkt des Antrages an Vergütung in etwa bereits verdient wurde[162]. Im Gegensatz zu einem durch einen Privaten geltend gemachten Vorschuss, den er vor Beginn seiner Tätigkeit verlangen wird, bezieht sich der Vorschuss des Insolvenzverwalters begrifflich auf den Zeitpunkt der Fälligkeit seiner Vergütung, also den Zeitpunkt des Abschlusses des (vorläufigen) Insolvenzverfahrens. Selbst wenn dem vorläufigen Insolvenzverwalter also die Festsetzung eines Vorschusses gelingt, ist er in diesem Zeitpunkt natürlich schon in Vorleistung gegangen.

3.3 Entstehen des Anspruchs in der Krisensituation

Während sich der private Gläubiger gerade dagegen absichern wird, dass sein Vergütungsanspruch in der Krisensituation entsteht, da er anderenfalls den Ausfall seiner Forderung befürchten muss, entsteht der Vergütungsanspruch des vorläufigen Insolvenzverwalters typischerweise in der Krisensituation[163]. Denn die Anordnung

---

160 Ebenso Graeber/Graeber NZI 2012, 129.

161 BGH, B. v. 22.01.2004 – IX ZB 123/04 = NZI 2004, 245; siehe auch K/P/B-Pape, § 26 Rn. 37.

162 Eickmann, InsVV, § 9 Rn. 10; MünchKomm-Novak, § 9 InsVV Rn. 2; H/W/F, § 9 Rn. 18. Umfassend zum Vorschussanspruch: Nicht/Schildt NZI 2010, 466.

163 Ebenso Graeber/Graeber NZI 2012, 129.

von Scherungsmaßnahmen setzt i. d. R. voraus, dass der Insolvenzantrag zulässig ist. Im Falle des Gläubigerantrages setzt diese Zulässigkeit die Glaubhaftmachung eines rechtsformspezifischen Insolvenzgrundes voraus. Es besteht also eine gewisse Wahrscheinlichkeit einer tatsächlich bestehenden Krisensituation. Es ist zwar nicht notwendig, dass diese tatsächlich besteht, da sich im Nachgang herausstellen mag, dass ein Insolvenzgrund tatsächlich nicht besteht. Während aber die Krisensituation beim Privatgläubiger die Ausnahme ist, kehrt sich dieses Regel-Ausnahme-Verhältnis für den vorläufigen Insolvenzverwalter um.

Der Grundsatz, dass die Forderung des „normalen" Gläubigers typischerweise außerhalb der Krise seines Schuldners entsteht, gilt natürlich nicht ausnahmslos:

Ein Beispiel ist der Sanierungskredit, der bei eingetretener oder zu befürchtender Insolvenzreife in der Erwartung hingegeben wird, die Insolvenz des Vertragspartners abwenden zu können. Einen anderen Fall bildet der Gläubiger, dessen Leistungen in der vorläufigen Insolvenz zu Zwecken der Betriebsfortführung benötigt werden. Die vor dem Insolvenzantrag entstandene sodann nicht beglichene Forderung ist Insolvenzforderung. Werden die Leistungen dieses Gläubigers zu Zwecken der Betriebsfortführung im Vorverfahren weiter benötigt, stimmt der mit Zustimmungsvorbehalt ausgestattete vorläufige Insolvenzverwalter diesen Zahlungen häufig zu.

Die Erfahrung zeigt, dass zahlreiche Gläubiger ihre weitere Leistungserbringung davon abhängig machen, dass ihre noch unbezahlten Forderungen gleichsam bezahlt werden, anderenfalls die weitere Lieferung oder Leistung verweigert wird. Auch wenn der vorläufige Insolvenzverwalter vor Zustimmung zur Zahlung darauf hinweist, dass er die Forderung als Insolvenzforderung nicht zahlen dürfe, begründet dies nicht per se die Möglichkeit der Anfechtung wegen inkongruenter Deckung im später eröffneten Insolvenzverfahren.

Der BGH hat mit Urteil vom 10.01.2013[164] die Anfechtbarkeit solcher „Erpresserzahlungen" dahingehend eingeschränkt, dass es an einem die Anfechtung ausschließenden Vertrauenstatbestand nur dann fehle, wenn feststehe, dass die Leistung des Gläubigers nicht substituiert werden kann. Es reicht nicht aus, wenn die Betriebsfortführung nur erschwert wird. Im Ergebnis dürfte sich damit die Anfechtbarkeit auf Monopolistenfälle verengen.

3.4 Typische Fremdnützigkeit des Insolvenzverwalteramtes

Die Interessen des Privaten sind typischerweise eigennützig und dienen dem eigenen wirtschaftlichen Vorteil. Demgegenüber nimmt der (vorläufige) Insolvenzverwalter auf staatliche Veranlassung eine (wenigstens auch) im öffentlichen

164 Az. IX ZR 161/11; siehe bereits BGH, Urt. v. 09.12.2004 – IX ZR 108/04 = NZI 2005, 218; BGH, Urt. v. 15.12.2005 – IX ZR 156/04 = NZI 2006, 227.

Interesse liegende fremdnützige Aufgabe wahr[165], nämlich die Sicherung der künftigen Insolvenzmasse zwecks späterer Gläubigerbefriedigung, wenn es zur Eröffnung des Insolvenzverfahrens kommt. Sein Vergütungsanspruch ist die verfassungsrechtlich gebotene Folge, aus der Sicht der Insolvenzordnung aber nicht der Antrieb für sein Handeln.

Dass der vorläufige Insolvenzverwalter fremdnützig tätig wird, hat er mit dem Vormund und dem Testamentsvollstrecker gemein, hinsichtlich derer der das Bürgerliche Gesetzbuch in §§ 1835, 2221 einen Aufwendungsersatz normiert. Diese Vorschriften, die der Bundesgerichtshof als Anspruchsgrundlage für eine Vergütung des vorläufigen Insolvenzverwalters analog fruchtbar machen will, beruhen jedoch auf der Prämisse, dass derjenige die Kosten zu tragen hat, in dessen Sinn die Aufwendungen getätigt worden sind. Das ist beim vorläufigen Insolvenzverwalter aber gerade eben nicht der Schuldner, sondern die Gesamtheit der Gläubiger.

3.5 Zwischenergebnis

Daraus folgt: mag auch, wie weiter oben dargestellt, eine Subsumtion des Vergütungsanspruchs des vorläufigen Insolvenzverwalters unter die Verfahrenskosten des § 54 InsO im Zweitverfahren nicht möglich sein, so greift es dennoch zu kurz, diese Forderungen mit den typischerweise unter § 38 InsO zu subsumierenden Forderungen gleichzusetzen.

Dabei ist auch zu berücksichtigen, dass die Forderung des vorläufigen Insolvenzverwalters, die im Falle der Eröffnung des Insolvenzverfahrens unter die Verfahrenskosten fällt, nach der Rechtsprechung des Bundesgerichtshofs nur deshalb in den Rang des § 38 InsO „zurückfällt“, da es zu einer (durch den vorläufigen Insolvenzverwalter nicht zu beeinflussenden) Erledigung des Insolvenzantrages kommt, typischerweise im Falle des Fremdantrages nach vorangegangener Zahlung des Schuldners.

Kann es aber im Ergebnis richtig sein, die Behandlung des Vergütungsanspruchs des vorläufigen Insolvenzverwalters unabhängig von der durch ihn entfalteten Tätigkeit von dem durch ihn nicht zu beeinflussenden Umstand abhängig zu machen, ob ein anderer Verfahrensbeteiligter das Antragsverfahren zur Erledigung bringt?

Es wird daher in der Folge weiter zu untersuchen sein, ob die Einordnung der Vergütungsansprüche unter § 38 InsO im Hinblick auf Art. 12 Abs. 1 GG zwingend ist oder ob es möglich oder gar geboten ist, das sich im Falle der Anfechtung der Zahlung der Vergütung realisierende Risiko des Vergütungsverlusts zu vermeiden.

---

165 Hierauf weisen auch Graeber/Graeber a. a. O. hin.

Teil C. Vereinbarkeit der Rechtsfolgen mit Art. 12 Abs. 1 GG

Steht nun aber fest, dass die Tätigkeit des vorläufigen Insolvenzverwalters angemessen zu vergüten ist und die Entscheidung des BGH vom 15.12.2011 dazu führt, dass dieser riskiert, für seine Tätigkeit überhaupt nicht entlohnt zu werden, fragt sich, ob ein solches Ergebnis mit den Vorschriften des Grundgesetzes, insbesondere der Berufsfreiheit, Art. 12 Abs. 1 GG, vereinbar ist.

Mit anderen Worten: ist es mit Art. 12 Abs. 1 GG vereinbar, dass ein durch das Insolvenzgericht bestellter Privater, der im Sinne der Gläubigergesamtheit tätig wird, sich der Gefahr aussetzen muss, aus Gründen der Vorschriften über die Anfechtung im Ergebnis pro bono tätig zu sein?

Dabei muss die Fragestellung einstweilen so offen formuliert werden, weil zunächst noch geklärt werden muss, worin genau der Verstoß gegen Art. 12 Abs. 1 GG überhaupt liegt. Stellt man auf die Entscheidung des Bundesgerichtshofs vom 15.12.2011, die naturgemäß nur inter partes wirkt, ab, so ist der Schutzbereich des Art. 12 Abs. 1 GG – wie noch zu zeigen sein wird – unproblematisch eröffnet, da Grundrechte in erster Linie Abwehrrechte des Einzelnen gegen Gesetzgebung, vollziehende Gewalt und Rechtsprechung sind, Art. 1 Abs. 3 GG.

Genommen wird dem Einzelnen der Vergütungsanspruch aber erst durch die Anfechtung gem. §§ 129 ff. InsO des Insolvenzverwalters des Zweitverfahrens, so dass die Frage eine Rolle spielt, inwieweit Grundrechte als objektive Wertentscheidungen des Grundgesetzes auch im Verhältnis von Bürgern zueinander anwendbar sind und wie sich dies auf die notwendigen Voraussetzungen des im Rahmen des Art. 12 Abs. 1 GG notwendigen Eingriffs auswirkt.

In diesem Zusammenhang sind zunächst kurz der Regelungsgehalt des Art. 12 Abs. 1 GG darzustellen und sodann dessen Anwendbarkeit auf den vorläufigen Insolvenzverwalter. Es ist sodann zu untersuchen, ob es einen rechtmäßigen Eingriff in die Berufsfreiheit darstellt, wenn dieser in einer Vielzahl von Fällen unbezahlt bleibt.

I. Schutzbereich des Art. 12 Abs. 1 GG

Der Begriff des Berufs ist weit auszulegen, umfasst also nicht nur Tätigkeiten, die sich in bestimmten, traditionellen oder rechtlich fixierten Berufsbildern darstellen, sondern auch Betätigungen, aus denen sich wiederum neue feste Berufsbilder ergeben können[166]. Davon abzugrenzen ist nach der Rechtsprechung des BVerfG eine solche Tätigkeit, die nur als Bestandteil eines umfassenden oder als Erweiterung eines anderen Berufs ausgeübt wird und deren Regelung die eigentliche Berufstätigkeit als Grundlage der Lebensführung unberührt lässt[167].

Das Bundesverfassungsgericht[168] erkennt den Insolvenzverwalter als eigenständiges Berufsbild an.

In seiner Entscheidung vom 03.08.2004[169] begründet das Bundesverfassungsgericht dies im Wesentlichen mit der häufigen Spezialisierung von im Bereich der Insolvenzverwaltung tätigen Rechtsanwälten zum Fachanwalt für Insolvenzrecht und der Notwendigkeit der Vorhaltung geschulten Personals in erheblichem Umfang:

„Die Tätigkeit von Insolvenzverwaltern wird angesichts der Entwicklung in den letzten zwei Jahrzehnten auch nicht mehr als bloße Nebentätigkeit der Berufsausübung von Rechtsanwälten oder von Kaufleuten angesehen werden können. Vielmehr ist die Betätigung als Insolvenzverwalter zu einem eigenständigen Beruf geworden, der vielen Personen maßgeblich zur Schaffung und Aufrechterhaltung der Lebensgrundlage dient, sei es als alleiniger Beruf oder neben einem anderen Beruf. Rechtsanwälte bilden sich beispielsweise spezialisiert zum Fachanwalt für Insolvenzrecht fort. Kanzleien halten in erheblichem Umfang geschultes Personal vor, um den Arbeitsanfall bei hohen Insolvenzen bewältigen zu können. Es hat sich soweit ein neuer „ Markt“ für Rechtsanwälte, Steuerberater und Kaufleute gebildet...“

Gleichwohl das Bundesverfassungsgericht dies in oben genannter Entscheidung ausdrücklich anders sieht – es lässt offen, ob die Ernennung als Insolvenzverwalter die Berufswahlfreiheit oder nur die Berufsausübungsfreiheit tangiert, da in dem der Entscheidung zugrundeliegenden Fall nur die Beteiligung an einer konkreten Insolvenz verweigert wurde – hat das BVerfG bereits früh die Einheitlichkeit des abwehrrechtlichen Schutzbereichs von Art. 12 Abs. 1 GG klar gestellt und damit zum Ausdruck gebracht, dass entgegen des Wortlauts des Art. 12 Abs. 1 GG keine Aufspaltung des Abwehrrechts in ein unbeschränktes Grundrecht der Wahl von Beruf, Arbeitsplatz und Ausbildungsstätte und einem dem Vorbehalt gesetzlicher Regelung unterworfenes Recht auf freie Berufsausübung erfolgt[170].

Berufswahl und Berufsausübung stellen keine verschiedenen Phasen des Berufslebens dar. Die Aufnahme der Berufstätigkeit stellt neben der Berufsausübung

166 BVerfGE 7, 377 (397); 78; 179 (192 ff); 97, 12 (33 f.).
167 BVerfGE 16, 147 (163 f); 48, 376 (388).
168 BVerfG, B. v. 30. März 1993 – 1 BvR 1045/89, 1 BvR 1381/90, 1 BvL 11/90.
169 BVerfG, B. v. 03.08.2004 – 1 BvR 135/00.
170 BVerfGE 7, 377 (401 ff); BVerfGE 9, 383 (344); BVerfGE 95, 193 (214).

auch die erste Betätigung der Berufswahl dar, andererseits schlägt sich die Berufswahl in der laufenden Berufsausübung oder deren Beendigung nieder[171].

Begründet hat das Bundesverfassungsgericht diese Rechtsprechung in seinem sog. „Apotheken-Urteil" vom 11.06.1958, 1 BvR 596/56. Erstmalig hat es hier ausgesprochen, dass die Berufswahl- und die Berufsausübungsfreiheit zusammenhängende Elemente eines einheitlichen Grundrechts der Berufsfreiheit darstellen, zwischen denen nicht klar unterschieden werden könne.

Daher erfasse der Schranken- und Regelungsvorbehalt auch das gesamte Grundrecht.

Der Senat entwickelte in diesem Urteil zur Prüfung der Vereinbarkeit von berufsbezogenen Regelungen mit der Berufsfreiheit die sog. Drei-Stufen-Theorie, wonach ausgehend von der Einheitlichkeit des Schutzbereichs des Art. 12 Abs. 1 GG Eingriffe in die Berufsfreiheit in 3 Stufen zu differenzieren sind:

- **Berufsausübungsregelungen** führen zur geringsten Beeinträchtigung der Berufsfreiheit. Der Gesetzgeber bestimmt die Art und Weise der Berufstätigkeit[172]. Aufgrund der geringen Eingriffsintensität sind Berufsausübungsregelungen bereits zulässig, wenn Sie aufgrund vernünftiger Allgemeinwohlerwägungen zweckmäßig erscheinen[173]. Kommen Berufsausübungsregelungen einem Eingriff in die Berufswahlfreiheit nahe, so sind sie gerechtfertigt, wenn Allgemeininteressen von solchem Gewicht bestehen, dass sie Vorrang vor der beruflichen Beeinträchtigung haben[174].
- **Subjektive Berufswahlregelungen** weisen eine mittlere Intensität der Beeinträchtigung auf. Hier wird auf persönliche Eigenschaften und Fähigkeiten, erworbene Abschlüsse oder erbrachte Leistungen abgestellt, wobei es nicht auf den Einfluss des Betroffenen auf die Eigenschaften ankommt.

Sie sind zulässig, wenn es um den Schutz eines besonders wichtigen Gemeinschafsguts geht, das gegenüber der Freiheit des Einzelnen vorrangig ist[175]. Der Gesetzgeber ist dabei in der Formulierung der zur schützenden Güter relativ frei. Das Bundesverfassungsgericht kontrolliert nur, ob der Gesetzgeber ganz offensichtlich von fehlerhaften Wertungen oder mit der Werteordnung des Grundgesetzes unvereinbaren Vorstellungen ausgeht[176].

- Die stärkste Beeinträchtigung der Berufsfreiheit geht von **objektiven Berufswahlregeln** aus. Hier erfolgt die Beschränkung der Berufsfreiheit anhand objektiver Kriterien, die nicht in der Person des Betroffenen liegen und auf die er keinen Einfluss

171 BVerfGE 7, 377 (401); Epping/Hillgruber in Beck-OK GG, Art. 12 Rn. 18.
172 BVerfGE 7, 377 (405).
173 BVerfGE 7, 377 (405 f.); 65, 116 (125); 77, 308 (332).
174 BVerfGE 32, 1 (34).
175 BVerfGE 7, 377 (407); 9, 338 (345).
176 BVerfGE 13, 97 (107).

hat[177]. Sie sind zulässig zur Abwendung einer nachweislichen oder höchstwahrscheinlichen Gefahr für ein überragend wichtiges Gemeinschaftsgut[178].

Dabei hat der Eingriff aus Gründen der Verhältnismäßigkeit stets (nur) auf der Stufe stattzufinden, der den geringsten Eingriff mit sich bringt. Ein Eingriff in die nächsthöhere Stufe darf erst erfolgen, wenn mit hoher Wahrscheinlichkeit zu erwarten ist, dass den zu vermeidenden Gefahren mit (verfassungsmäßigen) Mitteln der vorausgehenden Stufe“ nicht wirksam begegnet werden kann. Seinen Grund hat dies darin, dass jede Beeinträchtigung der Berufsfreiheit geeignet, erforderlich und verhältnismäßig im engeren Sinne sein muss[179].

Dabei kann es keinen Unterschied machen – um dies vorwegzunehmen[180] -, ob ein Eingriff in die Rechte des Insolvenzverwalters oder des vorläufigen Insolvenzverwalters erfolgt. Mögen auch beide Ämter strukturell unterschiedlich ausgestaltet sein, indem z. B. dem vorläufigen Insolvenzverwalter jegliche Verwertungsrechte fehlen, so dient doch die vorläufige Insolvenzverwaltung der Sicherung des status quo und der Erhaltung der künftigen Masse zwecks späterer anteiliger Gläubigerbefriedigung im eröffneten Verfahren. Die Unterschiede zwischen dem endgültigen und dem vorläufigen Insolvenzverwalter, auf die noch näher einzugehen sein wird, rechtfertigen jedenfalls – um dies vorwegzunehmen – keine unterschiedliche Behandlung in Bezug auf den Schutzbereich des Art. 12 Abs. 1 GG. Denn das vorläufige Verfahren bereitet das Insolvenzverfahren vor.

II. Qualitative Unterschiede zwischen dem vorläufigen und dem endgültigen Insolvenzverwalter

Fraglich ist, ob all dies auch einschränkungslos auf den *vorläufigen* Insolvenzverwalter zu übertragen ist, der nicht nur besonderen Regelungen innerhalb der Insolvenzordnung unterliegt, sondern darüber hinaus auch andere, im einzelnen näher zu beleuchtende Aufgaben, hat.

Mit anderen Worten: bestehen qualitative oder ausreichende quantitative Unterschiede zwischen dem vorläufigen und dem endgültigen Insolvenzverwalter, die

177 BVerfGE 7, 377 (407).
178 BVerfGE 7, 377 (408).
179 BVerfGE 94, 372 (389 f.).
180 Näher C. II.

eine unterschiedliche Behandlung im Rahmen des Art. 12 Abs. 1 GG gerechtfertigt erscheinen lassen?

1. Aufgaben

Die erstmalig durch die Insolvenzordnung gesetzlich normierte und an das Rechtsinstitut der Sequestration nach § 106 Abs. 1 KO angelehnte vorläufige Insolvenzverwaltung und die Aufgaben des vorläufigen Insolvenzverwalters sind in § 22 InsO geregelt.

§ 21 InsO sieht die Anordnung von Sicherungsmaßnahmen vor, zu denen gem. Abs. 2 Ziff. 1 auch die Bestellung eines vorläufigen Insolvenzverwalters gehört. Der rechtliche Rahmen für seine Tätigkeit ergibt sich zunächst – aufgrund der Verweisung in § 21 Abs. 2 Nr. 1 InsO – aus §§ 8 Abs. 3, 56, 58–66 InsO sowie aus § 21 Abs. 2 Nrn. 3–5 InsO.

Insbesondere – also nicht darauf beschränkt – kann das Gericht ein allgemeines Verfügungsverbot aussprechen oder anordnen, dass Verfügungen des Schuldners nur mit der Zustimmung des vorläufigen Insolvenzverwalters wirksam sind, § 21 Abs. 2 Nr. 2 InsO. Beide Varianten regelt § 22 InsO näher in seinen Absätzen 1 und 2. Absatz 1 regelt den von der Praxis zumeist gemiedenen sog. „starken" vorläufigen Insolvenzverwalter, Absatz 2 den „schwachen". In beiden Fällen ist Sinn der vorläufigen Verwaltung der Schutz des schuldnerischen Vermögens für Gläubiger und Schuldner. Sofern auf den vorläufigen Insolvenzverwalter die Verwaltungs- und Verfügungsbefugnis auf das schuldnerische Vermögen übergeht, hat er das Vermögen des Schuldners zu sichern und zu erhalten. Ein Unternehmen, das der Schuldner betreibt, ist bis zur Entscheidung über die Eröffnung des Insolvenzverfahrens fortzuführen, soweit nicht das Insolvenzgericht einer Stilllegung zustimmt, um eine erhebliche Verminderung des Vermögens zu vermeiden und er hat zu prüfen, ob das Vermögen des Schuldners die Kosten des Verfahrens decken wird. Wird dem Schuldner kein allgemeines Verfügungsverbot auferlegt, so bestimmt das Gericht die Pflichten des vorläufigen Insolvenzverwalters, die in diesem Fall nicht darüber hinausgehen dürfen, § 22 Abs. 2 InsO. In beiden Fällen hat der vorläufige Insolvenzverwalter das Recht, die Geschäftsräume des Schuldners zu betreten und dort Nachforschungen anzustellen, § 22 Abs. 3 S. 1 InsO.

Der vorläufige Insolvenzverwalter ist demgemäß je nach Intensität seiner Befugnisse weitgehend dem endgültigen Insolvenzverwalter angenähert. Der Gesetzgeber wollte sicherstellen, dass bereits im Insolvenzantragsverfahren eine rechtssichere Fortführung des schuldnerischen Geschäftsbetriebes gewährleistet ist[181]. Für den vorläufigen Insolvenzverwalter gelten – ungeachtet der Frage, ob auf

181 Nerlich/Römermann/Mönning § 22 Rn 12; Jaeger-Gerhardt (InsO), § 22 Rn 1; Andres/Leithaus, § 22 Rn. 2.

ihn die Verwaltungs- und Verfügungsbefugnis übergegangen ist, die §§ 8 Abs. 3, 56, 56a u. 58 bis 66 InsO entsprechend. Demgemäß unterliegt auch der vorläufige Insolvenzverwalter gemäß § 58 InsO der Aufsicht des Insolvenzgerichts, das ihn zu pflichtgemäßen Erfüllung seiner Aufgaben anhalten kann. Er haftet wie der endgültige Insolvenzverwalter, §§ 58–66 InsO. Bei seiner Auswahl hat das Gericht an seine Eignung die gleichen Kriterien anzulegen wie an die Person des vorläufigen Insolvenzverwalters.

2. Personen- und Aufgabenidentität zum endgültigen Insolvenzverwalter?

Gleichwohl es nicht notwendig ist, dass der vorläufige Insolvenzverwalter mit Eröffnung des Insolvenzverwalters auch zum endgültigen bestellt wird, so ist dies in praxi die Regel. Während es schon der Ausnahmefall ist, dass die Gläubigerversammlung in ihrer ersten Sitzung, also dem Berichtstermin, einen anderen Insolvenzverwalter als den vom Gericht zuvor bestellten wählt, so ist der Fall, dass das Gericht einen vorläufigen Insolvenzverwalter für den Fall der Verfahrenseröffnung nicht zum Insolvenzverwalter bestellt, der seltene Ausnahmefall.

Abgesehen von der fehlenden Berechtigung zur Verwertung der Masse (die der Insolvenzverwalter erst im eröffneten Verfahren vorbehaltlich entgegenstehender Beschlüsse der Gläubigerversammlung nach dem Berichtstermin wahrnehmen darf , § 156 InsO) ist die Rechtstellung des vorläufigen Insolvenzverwalters der des endgültigen Insolvenzverwalters weitgehend angenähert:

Offensichtlich ist dies im Falle des starken vorläufigen Insolvenzverwalters, also desjenigen, auf den die Verwaltungs- und Verfügungsbefugnis über das schuldnerische Vermögen übergegangen ist: er tritt in Bezug auf dessen Vermögen an die Stelle des Schuldners, er verfügt über dessen Vermögen, betreibt das Unternehmen des Schuldners fort und agiert wie der Rechteinhaber selbst. Mit Ausnahme seiner fehlenden Befugnis, das schuldnerische Vermögen zu verwerten, unterscheidet er sich vom endgültigen Insolvenzverwalter nicht.

Dabei ist es eine Binsenweisheit, dass die Weichen des Insolvenzverfahrens bereits im vorläufigen Insolvenzverfahren gestellt werden[182]. Dies ist auch der Grund dafür, dass Fälle, in denen in Berichtstermin ein Insolvenzverwalterwechsel erfolgt, selten sind. Die Frage, ob ein Unternehmen saniert oder zerschlagen wird, ggf. wie es saniert wird (also ob rechtsträgererhaltend durch Insolvenzplan, share deal, asset deal), entscheidet sich in der Regel im vorläufigen Verfahren und nicht im eröffneten

182 statt aller: MünchKomm-Graeber, § 56a Rn. 6.

Insolvenzverfahren. So hat sich bei einem Betrieb mit Arbeitnehmern jede Sanierungschance im eröffneten Verfahren in der Regel zerschlagen, wenn sich der vorläufige Insolvenzverwalter im vorläufigen Insolvenzverfahren nicht zur Vorfinanzierung des Insolvenzgeldes entschließt. Gleiches gilt ungeachtet seiner Betriebsfortführungspflicht, wenn er zur Aufrechterhaltung des Geschäftsbetriebes notwendige Zahlungen nicht freigibt, notwendige Bestellungen nicht freizeichnet und bei jedem weiteren obstruktivem Verhalten des vorläufigen Insolvenzverwalters, das spätere Betriebsfortführungs- oder Sanierungschancen des endgültigen Insolvenzverwalters konterkariert.

3. Die Stellung des vorläufigen Insolvenzverwalters

Der Insolvenzverwalter ist zwar Privater und nicht Beliehener[183], aber Träger eines öffentlichen Amtes. Sein gesamtes Handeln unterliegt daher grundrechtlichen Bindungen gegenüber allen Verfahrensbeteiligten, im Wesentlichen gegenüber dem Schuldner und den Gläubigern[184]. Die Vorschriften der Insolvenzordnung, die seine Rechte regeln und die zu einem Großteil auch Eingriffsrechte gegenüber den Betroffenen sind, erklären sich auch daraus, dass der Staat, der sich eines Privaten zur Erfüllung einer öffentlichen Aufgabe bedient, ein Zwangsvollstreckungsverfahren nur dann effektiv ausgestalten kann, wenn er die Rechtsnormen schafft, dies es ihm ermöglichen, diese Aufgaben durch Dritte erledigen zu lassen. Von daher zeichnet sich das Amt des Insolvenzverwalters nicht nur durch Eingriffsrechte gegenüber dem Schuldner (namentlich in Form des Übergang der Verwaltungs- und Verfügungsbefugnis, § 80 InsO) und den Gläubigern (namentlich das Erlösverteilungsrecht) aus, sondern auch durch ein besonderes Verhältnis zum Staat.

4. Vergleichbarkeit

Gleichwohl der vorläufige dem endgültigen Insolvenzverwalter selbst im Bereich der Aufsicht und Haftung gleichgestellt wird (§§ 21 Abs. 2 Nr. 1, 58–66 InsO), ist ihm die Verwertung des schuldnerischen Vermögens verboten, da ein Insolvenzgrund gerade noch nicht feststeht. Gleiches gilt für die Einstellung des Geschäftsbetriebes. Selbst dem vorläufigen „starken" Insolvenzverwalter

183 a. A. nunmehr Ries FS Haarmeyer S. 258 unter Hinweis auf die weitgehenden grundrechtsrelevanten Eingriffe, mögen diese auch „im privaten Gewand" erfolgen.

184 Maunz/Dürig/Herdegen, Art. 1 Abs. 3, Rn. 101; vgl. auch Bormann/Böttcher NJW 2011, 2758.

ist diese nur ausnahmsweise erlaubt, nämlich wenn das Gericht ihm dies ausnahmsweise gestattet, § 22 Abs. 1 Ziff. 2. Gleichgestellt wird jedenfalls auch der starke vorläufige Insolvenzverwalter dem endgültigen im Bereich der Begründung von Masseverbindlichkeiten, § 55 Abs. 2. Eine Gleichstellung erfolgt auch durch § 54 S. 2, wenn es zugleich zur Eröffnung des Insolvenzverfahrens kommt.

Gem. § 54 InsO gehören zu den Kosten des Insolvenzverfahrens i. S. d. § 53 InsO nicht nur die Gerichtskosten für das Insolvenzverfahren (Nr. 1), sondern auch die Vergütung und Auslagen des vorläufigen Insolvenzverwalters, des Insolvenzverwalters und der Mitglieder des Gläubigerausschusses.

Die Vorgängervorschrift des § 58 KO subsumierte unter die Massekosten noch die Gerichtskosten, die „Ausgaben für die Verwaltung, Verwertung und Verteilung der Masse“ und die dem Gemeinschuldner und dessen Familie bewilligte Unterstützung. Die heutige Regelung ist demgegenüber enger[185]. Ursprünglich war ein Absatz 2 vorgesehen, wonach die Kosten, die durch Bestellung eines vorläufigen Insolvenzverwalters entstanden sind, nach Eröffnung des Insolvenzverfahrens als Teil der Kosten des Verfahrens gelten sollen[186].

§ 55 Abs. 1 S. 1 InsO stellt den vorläufigen Insolvenzverwalter weitgehend dem endgültigen Insolvenzverwalter gleich, was die Eingehung von Masseverbindlichkeiten angeht. Der Gesetzgeber der InsO wollte damit Betriebsfortführungen erleichtern und fördern[187]. Der Sequester nach altem Recht, der nach allgemeiner Ansicht nicht als vorläufiger Konkursverwalter verstanden wurde[188], konnte nach Ansicht des Bundesgerichtshofs und überwiegender Meinung in der Literatur demgegenüber Masseschulden nicht begründen[189], so dass sich die

---

185 A/G/R-Homann, § 54 Rn. 1.

186 § 63 Abs. 2 RegE, dazu die Begründung: *„Absatz 2 stellt insbesondere sicher, dass der vorläufige Insolvenzverwalter nach der Eröffnung des Verfahrens seine Vergütung aus der Masse enthält*“. In der Fassung des Rechtausschusses ist Absatz 2 entfallen und der Regelungsbehalt in Nr. 2 mit einbezogen, ausweislich der Begründung des Rechtsausschusses, ohne dass damit eine inhaltliche Änderung verbunden sein sollte.

187 HambKomm-Jarchow, § 55 Rn. 22.

188 Nachweise bei Kilger/Schmidt, § 106 KO Anm. 4.

189 BGH, Urt. v. 30.01.1986 – IX ZR 79/85 = BGHZ 97, 87; so auch OLG Düsseldorf, Urt. v. 10.05.1984 – 8 U 172/83 = ZIP 1984, 728; Kuhn/Uhlenbruck, § 106 Anm. 15a (unter Aufgabe der von Uhlenbruck in KTS 1982, 209 vertretenen Ansicht); Kilger/Schmidt § 106 KO Anm. 4; **a. A.** Eickmann ZIP 1984, 730; Gerhardt KTS 1982, 1 (8); Urban MDR 1982, 441; Uhlenbruck KTS 1982, 209; OLG Stuttgart, Urt. v. 13.02.1981 – 2 U 132/80 = ZIP 1981, 252: Begründet wurde diese Ansicht mit einer Analogie zu § 224 Abs. 1 Nr. 5 KO, wonach über die in § 59 Abs. 1 KO hinausge-

Praxis überwiegend mit einer Treuhandkontolösung[190] oder einem Zurückbehaltungsrecht des ehemaligen Sequesters[191] half.

Nichts desto trotz setzte sich die Diskussion auch nach Inkrafttreten der Insolvenzordnung fort, da die Praxis zu einem Großteil von der Einsetzung eines vorläufigen Insolvenzverwalters unter Übergang der Verwaltungs- und Verfügungsbefugnis wegen der damit verbundenen Haftungsgefahren und oktroyierten Masseverbindlichkeiten absah, stattdessen häufig nur sog. Zustimmungsverwalter bestellte, für die sich dann mangels Anwendbarkeit des § 55 Abs. 2 InsO die gleiche Problematik wie unter Geltung der Konkursordnung stellte[192].

Auch andere Vorschriften der Insolvenzordnung zeigen eine weitgehende Annäherung, die die unter Geltung der Konkursordnung vorherrschende Literatur noch abgelehnt hatte, indem sie den Sequester nicht als „Vorkonkursverwalter" verstanden wissen wollte[193], vielmehr darauf hinwies, die Sequestration diene primär der Sicherung[194].

---

henden Fälle die Verbindlichkeiten Masseschulden waren, die von einem Nachlasspfleger oder Testamentsvollstrecker vorgenommen wurden. Im Ergebnis (allerdings in entsprechender Anwendung des § 106 Abs. 1 VglO): Castendieck KTS 1978, 15 f., Reichold KTS 1989, 291 (297).

190 Kreft in FS Merz 1992, 313 ff.; Gerhardt JZ 1990, 243 (244); Kuhn/Uhlenbruck, § 106 Anm. 13m.

191 so z. B. Kuhn/Uhlenbruck § 23 Rn. 12a in analoger Anwendung der §§ 204, 205 Abs. 2, 191; a. A. Kilger/Schmidt, § 106 KO, Anm. 4, der zu Recht darauf hinweist, dass es an der Unmittelbarkeit der treuhänderischen Vermögensübertragung des Gläubigers auf den Sequester fehlt, so er dass dieser nicht Treuhänder zugunsten der Gläubiger sei. Auch ende das Treuhandverhältnis mit der Konkurseröffnung, das Treugut sei an den Schuldner herauszugeben.

192 HambKomm-Schröder, § 22 Rn. 87 m. w. N. Insbesondere die Diskussion um das Treuhandkontenmodell hielt an, dazu ausführlich Windel ZIP 2009, 101 (103 ff.), wobei dessen Bedeutung zurückgedrängt wurde, seitdem der BGH in BGHZ 151, 353 erkannt hat, dass der vorläufige Insolvenzverwalter ermächtigt werden kann, im Voraus festgelegte Verpflichtungen zulasten der späteren Masse einzugehen (sog. Einzelermächtigung), hierzu insbesondere Laroche NZI 2010, 965; Horstkotte/Martini ZInsO 2010, 750 ff.; ablehnend Jaeger/Gerhardt (InsO), § 22 Rn. 131, Pape/Uhlenbruck ZIP 2005, 417 (419).

193 BGHZ 86, 190 (195); BGHZ 97, 87; Kuhn/Uhlenbruck, § 106 Rn. 7; a. A.: Castendiek KTS 1978, 9 (13); Kilger FS KO, 189 (193); Fricke MDR 1978, 99 (100). Umfassend zur Rechtsstellung des Sequesters: Uhlenbruck KTS 1990, 15 ff.

194 Uhlenbruck spricht in Kuhn/Uhlenbruck, § 106 Rn. 7 anschaulich von einem „Schutzschild".

Im Geltungsbereich der Insolvenzordnung ist die Annäherung unübersehbar.

Im Bereich des starken vorläufigen Verwalters sind seine Aufgaben gegenüber dem endgültigen Insolvenzverwalter zu einem Großteil deckungsgleich. Neben der auch dem „schwachen" vorläufigen Insolvenzverwalter obliegenden Sicherungs- und Erhaltungsfunktion hat er eine Betriebsfortführungspflicht. Dem vorläufigen Insolvenzverwalter fehlt in diesem Fall im Wesentlichen (nur) die Verwertungsbefugnis des schuldnerischen Vermögens, die Aufgabe des Insolvenzverwalters nach dem Berichtstermin ist, § 159 InsO. Dies versteht sich von selbst, da erst mit Eröffnung des Insolvenzverfahrens feststeht, dass ein Insolvenzgrund besteht. Zuvor würde eine Verwertung des schuldnerischen Vermögens bereits an Art. 14 GG, ggf. an Art. 12 Abs. 1 GG, scheitern.

Auch faktisch ist der vorläufige Verwalter dem endgültigen weitestgehend angenähert, da wie dargestellt Fälle, in denen mit Verfahrenseröffnung ein anderer Verwalter bestellt wird und die Gläubigerversammlung im Berichtstermin eine andere Person wählt, selten sind.

Vor Inkrafttreten des ESUG war die Mitwirkungsmöglichkeit der Gläubigergesamtheit ausschließlich in § 57 InsO normiert. Danach konnte in der ersten Gläubigerversammlung nach der (gerichtlichen) Bestellung des Insolvenzverwalters mit Kopf- und Summenmehrheit eine andere Person gewählt werden. An dieser Regelung wurde schon immer kritisiert, dass diese Möglichkeit zu spät komme. Denn zwischen dem Insolvenzantrag und damit ggf. der Einsetzung eines vorläufigen Insolvenzverwalters bis zur Neuwahlmöglichkeit vergehen unter Umständen Monate. Erfolgt der Insolvenzantrag, wie in der Praxis häufig, in dem Moment, in dem rückständige Gehälter hätten gezahlt werden müssen, aber nicht gezahlt werden konnten, steht damit in der Praxis zugleich häufig fest, dass der Insolvenzgeldzeitraum ausgenutzt wird. Damit vergehen bis zur Verfahrenseröffnung zumindest 2 Monate. Da § 29 Abs. 1 Ziff. 1 InsO vorsieht, dass der Berichtstermin nicht über sechs Wochen nach Verfahrenseröffnung terminiert werden soll und nicht über drei Monate hinaus terminiert werden darf, vergehen in diesem häufigen Fall zwischen Insolvenzantrag und der ersten Gläubigerversammlung fünf Monate. In diesem Zeitraum sind durch den gerichtlich bestellten (vorläufigen) Insolvenzverwalter längst wesentliche Weichenstellungen getroffen. Nach einem so langen Zeitraum sind Entscheidungen und Versäumnisse des bisherigen Insolvenzverwalters nur noch schwer zu korrigieren[195]. Die Wahl eines neuen Insolvenzverwalters verursacht bei diesem eine notwendige Arbeitszeit und Kosten zu Lasten der Masse[196].

---

195 Andres/Leithaus, § 57 Rn. 1; Kübler, Neuordnung des Insolvenzrechts, 61 (66); vgl. auch Braun/Blümle, § 57 Rn. 3, der berechtigterweise darauf hinweist, dass die wesentlichen Entscheidungen bereits im Eröffnungsverfahren getroffen werden.

196 Graeber ZIP 2000, 1465 (1472).

In der Praxis wird die Möglichkeit des § 57 InsO daher durch die Gläubiger selten genutzt[197].

5. Weitere Entwicklungen durch das Gesetz zur weiteren Erleichterung der Sanierung von Unternehmen

Durch die am 01.03.2012 in Kraft getretenen Regelungen des Gesetzes zur weiteren Erleichterung der Sanierung von Unternehmen dürfte eine erneute Stärkung der Rolle des vorläufigen Insolvenzverwalters und damit eine Annäherung an Aufgaben und Stellung des (endgültigen) Insolvenzverwalters eingetreten sein.

5.1 Gläubigerbeteiligung bei der Bestellung des vorläufigen Insolvenzverwalters

Das Gesetz zur weiteren Erleichterung der Sanierung von Unternehmen hat durch die geänderten Regelungen zur Gläubigermitbestimmung bei der Insolvenzverwalterbestellung – für den Fall des vorläufigen Insolvenzverwalters kraft der Verweisung in § 21 Abs. 2 Ziff. 1 InsO auf §§ 56a, 22a InsO – die Bedeutung des Amtes des vorläufigen Insolvenzverwalters gegenüber der bisherigen Rechtslage noch hervorgehoben, seine Rolle gestärkt.

War schon bisher die *faktische* Rolle des vorläufigen Insolvenzverwalters stärker als seine mit Rücksicht auf die Gläubigerautonomie ihm gesetzlich an sich zugedachte Rolle, so erfährt er nunmehr im Anwendungsbereich des § 22a InsO durch die gesetzlichen Regelungen eine Legitimation, die sich nicht nur aus der gerichtlichen Einsetzung und den faktischen Anforderungen des Insolvenzeröffnungsverfahrens herleitet, sondern auch aus der frühzeitigen Einbeziehung der Gläubiger und ihrer Mitwirkung bei seiner Auswahl. Sofern nicht die Zusammensetzung des vorläufigen Gläubigerausschusses im wesentlichen den Bemühungen des Prätendenten entspricht, um die eigene Bestellung zu erreichen, so wird man davon ausgehen müssen, dass dessen Mitglieder auch diejenigen sind, die sich auch in das weitere Verfahren einbringen oder nach altem Recht diejenigen gewesen wären, deren Teilnahme an der ersten Gläubigerversammlung wahrscheinlich war. Während nach altem Recht zu befürchten war, dass der gerichtlich bestellte Insolvenzverwalter solche Entscheidungen möglichst bis nach der Gläubigerversammlung aufschiebt, die ihn in die Gefahr einer Abwahl bringen,

197 Statt aller: Braun/Blümle, § 57 Rn. 3.

> Vgl. auch Nerlich/Römermann-Delhaes, § 57 Rn. 4, der darauf hinweist, dass die Gefahr bestehe, dass sich der gerichtlich bestellte Insolvenzverwalter in ein Abhängigkeitsverhältnis zu Großgläubigern begebe, solange seine Abwahl drohe. Es dürfte daher gängige Praxis sein, insbesondere mögliche erhebliche Ansprüche gegen Großgläubiger, z. B. aus Anfechtung, im zur Verfahrenseröffnung führenden Gutachten und im Bericht zum Berichtstermin noch nicht zu erwähnen, sondern zunächst abzuwarten, um eine Abwahl zu verhindern.

ist nunmehr zu erwarten, dass der unter Gläubigermitwirkung bestellte Insolvenzverwalter sich seiner Sache sehr viel sicherer sein kann.

5.2 Vorverlagung des Sanierungsansatzes in das Eröffnungsverfahren

Abgesehen von der bereits geschilderten starken Rolle des vorläufigen Insolvenzverwalters vor Inkrafttreten des ESUG und der Änderungen hinsichtlich der Gläubigerbeteiligung bei der Insolvenzverwalterauslese verschieben auch die Vorschriften der §§ 270a, b InsO (Eigenverwaltung und Schutzschirm) die Bedeutung der Sanierung in das Eröffnungsverfahren. Die praktische Bedeutung des Vorverfahrens für die Frage der Sanierung des Unternehmens im eröffneten Verfahren wurde damit auch legislatorisch nachvollzogen.

Bis zum Inkrafttreten des ESUG kannte das Gesetz kein vorläufiges Eigenverwaltungsverfahren als sanierungsorientierter Variante des Eröffnungsverfahrens. Die Folge war, dass im Vorverfahren vorläufige Insolvenzverwalter bestellt wurden, die es nicht nur in der Hand hatten, in der teilweise langen Dauer des Eröffnungsverfahrens eigene Konzepte zu entwickeln und mit der Umsetzung zu beginnen (die zumeist im Falle der Sanierungseignung auf übertragende Sanierungen hinausliefen) und dann häufig in ihrem Eröffnungsgutachten die Voraussetzungen einer Eigenverwaltung negierten mit der Folge der Eröffnung eines regulären Insolvenzverfahrens[198]. Nach der gesetzlichen Neukonzeption des Rechts der Eigenverwaltung setzt die Anordnung der Eigenverwaltung nunmehr voraus, dass keine Umstände bekannt sind, die erwarten lassen, dass die Anordnung zu Nachteilen für die Gläubiger führt, § 270 Abs. 2 Ziff. 2 InsO. Die möglichen Nachteile müssen also, im Gegensatz zur bisherigen Fassung konkret sein, Unsicherheiten gehen nicht mehr zu Lasten des Schuldners[199]. Das ESUG hat das Regel-Ausnahme-Verhältnis gegenüber der bisherigen Rechtslage umgekehrt.

198 Nerlich/Römermann-Riggert, § 270a Rn. 2.

199 BT-Drs. 17/5712 S. 58; Braun/Riggert, § 270 Rn. 5.

Die nach der Rechtslage vor ESUG faktisch starke Stellung des vorläufigen Verwalters zeigt auch die durch das ESUG neu eingeführte vorläufige Eigenverwaltung:

§ 270a InsO erstreckt die Möglichkeit der Eigenverwaltung auf das Eröffnungsverfahren. Ist der Antrag des Schuldners nicht offensichtlich aussichtslos, soll das Gericht von der Bestellung eines vorläufigen Insolvenzverwalters absehen, stattdessen einen vorläufigen Sachwalter bestellen, § 270a Abs. 1 InsO. Dies ist die Reaktion auf die faktisch starke Macht des vorläufigen Verwalters nach altem Recht im Rahmen einer Eigenverwaltung, die häufig die Bemühungen der Schuldner um die Anordnung der Eigenverwaltung zunichtemachte.

5.3 Einführung des Schutzschirmverfahrens

Fruchtbar sind auch die Vorschriften über das Schutzschirmverfahren.

Das durch das ESUG neu eingeführte, in § 270b InsO normierte, (sog.) Schutzschirmverfahren als besonderer Erscheinungsform des Eigenverwaltungsverfahrens soll für den Schuldner einen weiteren Anreiz für eine frühzeitige Sanierung mit den Mitteln des Insolvenzrechts schaffen, indem im Falle einer noch nicht eingetretenen Zahlungsunfähigkeit auf Antrag des Schuldners eine Frist zur Vorlage eines Insolvenzplans gesetzt wird. Dieses Verfahren besteht aus einer Summe von Einzelregelungen, die den Zweck verfolgen, dem Schuldner die Angst zu nehmen, mit dem Insolvenzantrag die Kontrolle über sein Unternehmen zu verlieren[200]. Die Bestellung eines vorläufigen Insolvenzverwalters ist ausgeschlossen. Weder Zustimmungsvorbehalt noch allgemeines Verfügungsverbot dürfen ausgesprochen werden. Der Gesetzgeber sah derartige Maßnahmen als kontraproduktiv im Hinblick auf eine weitere Förderung frühzeitiger Insolvenzanträge an. Dies bestätigt die gegenüber der gesetzlichen Konzeption der Insolvenzordnung wesentlich stärkere Rolle des vorläufigen Insolvenzverwalters in der Praxis vor ESUG.

5.4 Zwischenergebnis

Obschon die durch das ESUG neugefassten Regelungen keine Änderung der Rechte des vorläufigen Insolvenzverwalters gegenüber der bisherigen Rechtslage beinhalten, so dürfte seine Rolle bereits qua der Gläubigerlegitimation im Falle der Wahl durch einen vorläufigen Gläubigerausschuss wesentlich gestärkt sein.

200 FK-Foltis, § 270b Rn. 1.

Die Neukodifikation der Regelung der Eigenverwaltung und des Schutzschirmverfahrens zeigen darüber nicht nur, dass der Gesetzgeber den Anreiz für frühzeitige Insolvenzanträge geben wollte. Sie belegen durch die Beschränkungen bei der Anordnung vorläufiger Maßnahmen auch die starke Rolle des vorläufigen Insolvenzverwalters in regulären Insolvenzantragsverfahren, die offensichtlich vom Gesetzgeber auch als Grund für die nach wie vor fehlenden Bereitschaft zur frühzeitigen Sanierung mit Mitteln des Insolvenzrechts gesehen werden.

Nach alledem steht fest:

Der vorläufige Insolvenzverwalter unterscheidet sich von seinen *Aufgaben* her vom endgültigen Insolvenzverwalter. Seine *Stellung* ist jedoch im Wesentlichen gleich, auch ein Teil seiner Aufgaben ist gleich. Seine Tätigkeit bereitet die Tätigkeit des endgültigen Insolvenzverwalters in wesentlichen Teilen vor. Die Tätigkeit des endgültigen Insolvenzverwalters ist ohne die des vorläufigen nicht denkbar. Das ESUG hat die Stellung des vorläufigen Insolvenzverwalters noch gestärkt.

Es besteht daher kein Grund, den vorläufigen Insolvenzverwalter im Rahmen des Art. 12 Abs. 1 GG anders zu behandeln als den endgültigen Insolvenzverwalter.

III. Eingriff

Damit steht nun fest, dass der Beruf des Insolvenzverwalters ebenso wie der vorläufige Verwalter dem Schutzbereich des Art. 12 Abs. 1 GG unterfällt.

Fraglich ist jedoch, ob unmittelbar aus dem Urteil des Bundesgerichtshofs vom 15.12.2011 ein Eingriff in die Berufsfreiheit des vorläufigen Insolvenzverwalters folgt.

1. Grundrechte als Abwehrrechte gegen staatliche Eingriffe

Art. 12 Abs. 1 GG gewährleistet umfassenden Schutz vor Eingriffen und Beschränkungen, die nur aufgrund von S. 2 dieses Artikels zulässig sind. Dabei sind Grundrechte zunächst subjektive Abwehrrechte des Bürgers gegen staatliche Eingriffe[201].

---

201 BVerfGE 7, 377 (397); Ruffert in: Beck-OK GG, Art. 12 Rn. 17.

Hierbei ist ein klassischer Eingriff im Sinne eines unmittelbaren und finalen Eingriffs nicht erforderlich, um als Eingriff in Art. 12 Abs. 1 GG erfasst zu werden. Zwar kommt nach der Rechtsprechung des Bundesverfassungsgerichts Art. 12 Abs. 1 GG „*als Maßstabsform nur für solche Bestimmungen in Betracht, die sich gerade auf die berufliche Betätigung beziehen und diese unmittelbar zum Gegenstand haben*“[202]. Wegen des besonderen Frei heitsraums, den Art. 12 Abs. 1 GG gewähren soll, reichen jedoch auch solche Vorschriften als Eingriff aus, deren tatsächliche Auswirkungen die Freiheit der Berufswahl mittelbar beeinträchtigen, ohne unmittelbar berufsregelnden Charakter zu haben[203]. Der Eingriffscharakter ist nur dort nicht mehr gegeben, wo lediglich eine „*allgemeine Möglichkeit der Beeinträchtigung eines nicht näher bestimmten Personenkreises*“ gegeben ist.

Es ist nach der Rechtsprechung des Bundesverfassungsgerichts daher erforderlich, dass sich konkret feststellen lässt, „*wer von den Auswirkungen der Norm selbst oder ihrer Anwendung unmittelbar in seiner Berufsfreiheit betroffen ist*“[204].

Das Bundesverfassungsgericht hat dies später noch dahingehend präzisiert, dass „*Art. 12 Abs. 1 GG seine Schutzwirkung ... nur gegenüber solchen Normen oder Akten entfaltet, die sich entweder unmittelbar auf Berufstätigkeit beziehen oder die zumindest eine objektiv berufsregelnde Tendenz haben*“[205]. Aber auch ohne diese in erster Linie berufsregelnde Tendenz *kann* ein Eingriff in Art. 12 Abs. 1 GG vorliegen, wenn nur die *tatsächlichen* Auswirkungen zu einer Beeinträchtigung der freien Berufsausübung führen[206], sofern sich nur konkret feststellen lässt, wer von den Auswirkungen der Norm selbst oder ihrer Anwendung unmittelbar in seiner Berufsfreiheit betroffen ist[207].

Cum grano salis bleibt damit von den in der Literatur zur Eingriffsqualität diskutierten Kriterien der Finalität, Unmittelbarkeit und Erheblichkeit nur die letztere übrig[208], sofern nur konkret feststellbar ist, wer von der Anwendung der Norm betroffen ist.

Die Entscheidung des Bundesgerichtshofs vom 15.12.2011 führt dazu, dass die Tätigkeit des vorläufigen „schwachen“ Insolvenzverwalters im Ergebnis unbezahlt bleibt, wenn sich der den angeordneten Sicherungsmaßnahmen zugrunde liegende Insolvenzantrag zunächst erledigt und es aufgrund eines späteren, davon unabhängigen Insolvenzantrages zur Eröffnung eines Insolvenzverfahrens kommt

---

202 BVerfGE 13, 181 (185 f.); 21, 73 (85); 22, 380 (84); 41, 251 (262); 46, 129 (137, 145); 47, 109 (116); 61, 291 (308).

203 BVerfGE 13, 181 (185 f.); 21, 73 (85); 22, 380 (84); 41, 251 (262); 46, 129 (137, 145); 47, 109 (116); 61, 291 (308).

204 BVerfGE 47, 1 (21).

205 BVerfGE 97, 228 (254); siehe auch BVerfGE 98, 218 (258).

206 BVerfGE 13, 181 (185 f.); 6, 47 (58); 61, 291 (308 f.), 110, 226 (254).

207 BVerfGE 47, 1, sub IV.

208 Epping/Hillgruber in Beck OK GG, Art. 12 Rn. 58: „Hauptkriterium“.

und es in diesem Verfahren zur Rückforderung der Vergütung durch den Insolvenzverwalter kommt.

Nun führte allerdings die hier interessierende Entscheidung des Bundesgerichtshofs vom 15.12.2011 nur zu einem Eingriff in die Berufsfreiheit des vorläufigen Insolvenzverwalters *im entschiedenen Fall*, was sich auf Grund der reinen inter-partes-Wirkung der Entscheidung von selbst versteht.

In nachfolgenden vergleichbaren Fällen realisiert sich ein Schaden des vorläufigen Verwalters erst durch die Geltendmachung der Anfechtung durch den Insolvenzverwalter im Zweitverfahren. Hiergegen ließe sich zwar einwenden, dass der Insolvenzverwalter kraft seiner Verpflichtung zur optimalen Massegenerierung – und verwertung zur Anfechtung verpflichtet ist, er in diesem Zusammenhang auch die Rechtsprechung des Bundesgerichtshofes zu beachten hat und daher der Vergütungsverlust die zwangsläufige Folge der Eröffnung des Zweitverfahrens ist, m. a. W. der dazwischengreifende Schritt des Privaten nur die notwendige Folge des staatlichen Eingriffs ist.

Dabei bliebe allerdings unberücksichtigt, dass es den entscheidenden Vorschriften – §§ 38 und 129 ff. InsO – an einer objektiven Tendenz zur Regelung des Berufs des (vorläufigen) Insolvenzverwalters fehlt. Zwar können, wie bereits gezeigt, rechtliche Normierungen Art. 12 Abs. 1 GG auch dann berühren, wenn sie nicht gezielt in die Berufsfreiheit eingreifen, sondern in ihrer tatsächlichen Auswirkung geeignet sind, diese zu beeinträchtigen. Auch dazu genügt aber nicht die allgemeine Möglichkeit der Beeinträchtigung eines nicht näher bestimmten Personenkreises. Vielmehr muss sich – wie bereits ausgeführt – konkret feststellen lassen, wer von den Auswirkungen der Norm selbst oder ihrer Anwendung unmittelbar in seiner Berufsfreiheit betroffen ist[209].

Daran fehlt es bei den hier entscheidenden Vorschriften der §§ 38, 129 ff. InsO:

§ 38 InsO knüpft an die Eigenschaft als Insolvenzgläubiger an, also denjenigen Gläubiger, der einen im Zeitpunkt der Verfahrenseröffnung begründeten Vermögensanspruch gegen den Schuldner hat.

Die Vorschriften über die Anfechtung, §§ 129 ff. InsO, unterwerfen bestimmte vorinsolvenzliche Verfügungen des Schuldners, der Anfechtung, wenn gewisse, in den Anfechtungstatbeständen näher umschriebene, Voraussetzungen vorliegen.

Keine der genannten Vorschriften weisen einen unmittelbaren Bezug zum Beruf des (vorläufigen) Insolvenzverwalters auf.

Die Vorschriften der §§ 38, 129 ff. InsO wirken sich zwar nachteilig auf die Berufsausübung des vorläufigen Insolvenzverwalters aus. Dies allerdings nur dann, wenn es nicht zur Eröffnung eines Insolvenzverfahrens kommt und im

209 BVerfGE 47, 1, sub IV.

Folgeverfahren eine Anfechtung der Zahlung der Vergütung des vorläufigen Insolvenzverwalters des Erstverfahrens erfolgt.

Es fehlt damit an der nach der Rechtsprechung des Bundesverfassungsgericht konkreten Feststellbarkeit der von der Norm Betroffenen.

Stellt man daher auf die klassische Abwehrfunktion der Grundrechte ab, scheint es an einem Eingriff zu fehlen.

2. Grundrechte als objektive Wertentscheidungen

Nun ist allerdings seit langem anerkannt, dass sich die Funktion der Grundrechte nicht in einer Abwehrfunktion gegenüber dem Staat erschöpft, wie dies scheinbar Art. 1 Abs. 3 GG vorgibt.

Ausgehend von ersten Ansätzen einer (bisweilen sogenannten) Horizontalwirkung[210] von Grundrechten zwischen Bürgern in der Weimarer Reichsverfassung von 1919 zur Überwindung typischer Machtasymmetrien (wie im Verhältnis zwischen Arbeitgeber und Arbeitnehmer) vertritt das Bundesverfassungsgericht vielmehr in ständiger Rechtsprechung seit dem sog. *Lüth-Urteil*[211] die Theorie der mittelbaren Drittwirkung der Grundrechte, wonach die Grundrechte eine objektive Wertordnung darstellen, die insbesondere über die Generalklauseln unmittelbar in das Zivilrecht ausstrahlen[212].

Dabei wird, worauf *Diederichsen*[213] zu Recht hinweist, die Terminologie zur sog. Drittwirkung der Grundrechte uneinheitlich verwandt.

Ausgehend von der Auswirkung der Grundrechte auf den staatsfreien privatautonomen Vertragsbereich wird der Grundrechtseinfluss auch im nicht vertraglichen Bereich anerkannt, z. B. im Bereich des Persönlichkeitsschutzes unter Privatleuten.

Im Ergebnis geht es immer nur um die Frage, in welchem Umfang Grundrechte auf das Zivilrecht einwirken, also auf zwischen Bürgern bestehende Rechtsverhältnisse, ohne dass es darauf ankäme, worin dieses Rechtsverhältnis seinen näheren Grund hat.

In diesem Zusammenhang kann, worauf *Canaris*[214] hinweist, die Ausstrahlungswirkung der Grundrechte nicht davon abhängen, ob sich im Zivilrecht eine

---

210 Kritisch zu diesem Begriff insbesondere Diederichsen AcP 198, 199 Fn. 116.

211 BVerfGE 7, 198 ff. Zur Entwicklung siehe insbesondere in neuerer Zeit: Seifert EuZW 2011, 696 ff.

212 Hierzu eingehend Diederichsen AcP 198, 171 ff; i. Ü. Pawlowski JZ 2000, 913 ff.

213 Diederichsen AcP 198, 199 ff., insbes. Fn. 116.

214 Canaris AcP 184, 200 (223 f.).

Generalklausel als Einfallstor grundgesetzlicher Wertungen findet oder nicht. Erkennt man die Funktion der Grundrechte als eine über Abwehrrechte gegen staatliche Eingriffe hinausgehende objektive Wertentscheidung an, kann diese nicht an das Vorhandensein einer auslegungsfähigen Generalklausel des Zivilrechts im Sinne einer notwendigen Bedingung geknüpft werden. Es geht nämlich im Ergebnis nicht nur um die Auslegung tatbestandlich unbestimmter Normen, sondern generell um die Verfassungsmäßigkeit des Zivilrechts und seiner Anwendung[215].

Im Übrigen ist im Bereich der Drittwirkung der Grundrechte, insbesondere seines Einflusses auf das Zivilrecht, die *Diederichsen* plakativ als „*Verdoppelung der Rechtsdogmatik*“ bezeichnet[216], vieles im Dunkeln.

Erkennt man aber grundsätzlich einen Einfluss der Grundrechte auf das Zivilrecht an – und dies dürfte im Gegensatz zu seiner dogmatischen Herleitung, deren Schwierigkeit sich im wesentlichen aus seiner damit notwendigen Parallelität mit hergebrachten zivilistischen Auslegungsmethoden ergibt, außer Streit stehen – so bedeutet dies, worauf *Canaris* zu recht hinweist, eine Inzidentprüfung der Verfassungsmäßigkeit einfachgesetzlicher Zivilrechtsnormen.

Unterlässt ein Gericht diese Prüfung, stellt sich dies als Verfassungsverstoß dar, da das Gericht dann eine Schutzpflicht zugunsten des Betroffenen missachtet hat. Denn wenn es Aufgabe des Staates ist, sich schützend und fördernd für die Verwirklichung der Grundrechte einzusetzen, so muss dies auch in Bezug auf Privatrechtsbeziehungen gelten[217].

Die mithin durch die Grundrechte des Grundgesetzes anerkannte objektive Werteordnung führt zu deren Ausstrahlung in das Zivilrecht dahingehend, dass auch im Verhältnis zwischen Privaten zu prüfen ist, ob die anzuwendenden zivilrechtlichen Vorschriften grundrechtlich beeinflusst sind. Die Nichtbeachtung der Ausstrahlungswirkung der Grundrechte stellt sich dann als ein einem Eingriff gleichstehendes staatliches Unterlassen dar, also als Verletzung einer staatlichen Schutzpflicht, die ihren Grund in der Anerkennung der Grundrechte als staatlicher Werteordnung hat. Die nicht hinreichende Berücksichtigung dieser Ausstrahlungswirkung führt also zu einer Grundrechtsverletzung[218]. Dabei ist das Gewicht der Ausstrahlungswirkung umso höher, je intensiver die grundrechtliche Belastung ist[219].

215 Jaras/Pieroth vor Art. 1 Rn. 59.

216 Diederichsen AcP 198, 218. Siehe auch Pawlowski JZ 1990, 914: „*Verdoppelung der Rechtsordnung*“.

217 Epping S. 280; Augsberg/Viellechner JuS 2008, 411.

218 BVerfGE 86, 121 (128); 89, 214 (229); 102, 347 (362).

219 BVerfGE 42, 143 (148 f.); 61, 1 (6).

Die Beeinträchtigung der Berufsfreiheit des (vorläufigen) Insolvenzverwalters ergibt sich dabei allerdings aus der Anfechtung der Vergütungsvereinnahmung des Insolvenzverwalters des Folgeverfahrens, also des Handelns eines Privaten, da die Entscheidung des Bundesgerichtshofs gegenüber einer mit der Bindungswirkung nach § 31 BVerfGG ausgestatteten Entscheidung des Bundesverfassungsgerichts wie gesehen nur inter partes wirkt.

Der Insolvenzverwalter des Zweitverfahrens, der die Verpflichtung zur optimalen Massegenerierung und zur Durchsetzung der Anfechtungsansprüche hat[220] (mag auch seine Entscheidung, ein Anfechtungsrecht nicht auszuüben, nur beschränkt überprüfbar sein[221]), wird sich an dieser Entscheidung des Bundesgerichtshofs orientieren müssen, will er nicht seine persönliche Haftung aus § 60 InsO riskieren, die zwangsläufig einträte, würde er einen nach der Rechtsprechung des Bundesgerichtshofs bestehenden Anfechtungsanspruch nicht realisieren und dadurch pflichtwidrig die Masse verkürzen[222].

Die Anerkennung einer grundrechtsbedingten staatlichen Schutzpflicht führt mithin dazu, dass die hier interessierenden Vorschriften, also insbesondere § 38 und §§ 129 ff. InsO so auszulegen sind, dass der Werteordnung der Grundrechte innerhalb der Beziehung zwischen dem ehemaligen vorläufigen Verwalter des Erstverfahrens und den Gläubigern des Zweitverfahrens Genüge getan ist. Daraus folgt aber zugleich, dass es hier an einem Eingriff im Sinne des Art. 12 Abs. 1 GG fehlt.

3. Zwischenergebnis

Als Zwischenergebnis ist demgemäß festzustellen:

Die Entscheidung des Bundesgerichtshofs vom 15.12.2011 wird dazu führen, dass auch in vergleichbaren künftigen Fällen der vorläufige Verwalter des Erstverfahrens mit einer Anfechtung seiner Vergütung im Zweitverfahren rechnen muss. Seinen unmittelbaren Grund hat dies jedoch in einem Tätigwerden eines Privaten – nämlich des Insolvenzverwalters, der für Private – nämlich die Gläubiger des Zweitverfahrens – handelt.

Es fehlt daher an einem Eingriff im Sinne des Art. 12 Abs. 1 GG, so dass nachstehend die Frage zu untersuchen ist, wie sich die oben thematisierte mittelbare Drittwirkung der Grundrechte in deren Verhältnis auswirkt.

---

220 Anderenfalls die Gläubiger nach §§ 58 f. InsO vorgehen können: L/S/Z-Zeuner, § 129 Rn. 16; Braun/de Bra, § 129 Rn. 41.

221 Uhlenbruck/Hirte, § 129 Rn. 14.

222 Statt aller: Andres/Leithaus, § 61 Rn. 7; Nerlich/Römermann-Rein, § 60 Rn. 47.

Sähe man dies anders, indem man darauf abstellt, dass die Beeinträchtigung der Berufsfreiheit nur erheblich sein muss und bejahte daher einen Eingriff, wäre sodann dessen Rechtfertigung zu prüfen. Eingriffe in das Grundrecht der Berufsfreiheit sind im Rahmen des Art. 12 Abs. 1 S. 2 GG möglich: Die Berufsfreiheit kann durch Gesetz oder aufgrund eines Gesetzes geregelt werden. Der Begriff der Regelung entstammt dem Gewerberecht und ist dadurch historisch zu betrachten, in der Sache steht ihm der Eingriff gleich. Das bedeutet im Ergebnis einen Gesetzesvorbehalt für Eingriffe[223]. Ein Eingriff muss jedenfalls auf ein Gesetz *zurückzuführen* sein. Gesetzliche Grundlage des Eingriffs wären dann die Vorschriften der §§ 129 ff. InsO, die die Anfechtung einer Zahlung solcher Forderungen im eröffneten Verfahren zulassen, die unter § 38 InsO zu subsumieren sind. Da der Bundesgerichthof in dem hier entscheidenden Fall glaubt, die Vergütung des ehemaligen vorläufigen Insolvenzverwalters sei Insolvenzforderung, ist damit der Anwendungsbereich der Anfechtung gegeben. Zwar ergibt sich die Auswirkung auf die Berufsfreiheit des betroffenen ehemaligen vorläufigen Insolvenzverwalters nicht unmittelbar aus dem Gesetz. Sie ist aber auf ein Gesetz, nämlich die Insolvenzordnung, zurückzuführen. Dies bedeutete jedoch nicht zugleich, dass der Eingriff rechtsmäßig ist, da er auch verhältnismäßig sein müsste. In diesem Rahmen stellt sich die sog. „Schranken-Schranken"-Problematik. Zur berufsfreiheitspezifischen Strukturierung der Verhältnismäßigkeitsprüfung hat das Bundesverfassungsgericht in dem bereits zitierten „*Apotheken-Urteil*" die Drei-Stufenlehre entwickelt[224], die oben bereits dargestellt wurde.

Die Rechtsprechung des Bundesgerichtshofs lässt – orientiert sich der Insolvenzverwalter in vergleichbaren Fällen an ihr–die Berufswahl des vorläufigen Insolvenzverwalters unberührt. Sie führt jedoch dazu, dass es in der oben genannten Konstellation regelmäßig zu Zahlungsausfällen und damit zu der Situation kommt, dass der vorläufige Insolvenzverwalter seiner Tätigkeit im Ergebnis ohne jegliche Gegenleistung nachkommt. Es handelte sich daher – bejahte man dem Grunde nach einen Eingriff, indem man nur auf die Erheblichkeit abstellt – demgemäß genau wie bei den Gebührenregelungen der freien Berufe um eine rechtfertigungsbedürftige *Berufsausübungsregelung*. Die Ausübung eines freien Berufs ist untrennbar mit dem Recht auf eine angemessene Gebühr verbunden[225]. Gesetzliche Vergütungsregelungen sind am Maßstab des Art. 12 Abs. 1 GG zu messen[226]. Dies gilt nicht nur für Vorschriften, die die Anspruchsgrundlage selbst betreffen. Auch Regelungen, die lediglich die Durchsetzung beschränken, fallen in den Schutzbereich des Art. 12 Abs. 1 GG[227].

Die Rechtsprechung des Bundesgerichtshofs hindert den vorläufigen Insolvenzverwalter zwar nicht, die gewünschte Tätigkeit auszuüben. Sie ändert auch nichts an dem Grundsatz, dass seine Tätigkeit angemessen zu vergüten und ihm die Auslagen zu

223 Ruffert in: Beck-OK GG, Art. 12, Rn. 73 m. w. N.
224 BVerfGE 7, 377 (397 f.).
225 BVerfGE 88, 145 (159).
226 BVerfGE 54, 251 (271).
227 BVerfG, Beschluss v. 30.03.1993, AZ 1 BvR 1045/89 = NJW 1993, 2861.

erstatten sind. Jedoch bewirkt die Möglichkeit der Anfechtbarkeit, dass der vorläufige Insolvenzverwalter seinen gesetzlichen Anspruch im Falle der fehlenden anschließenden Eröffnung des Insolvenzverfahrens nicht realisieren kann oder ihn wieder verliert. Damit entsteht ihm ein Verlust, dessen Höhe von der Dauer der vorläufigen Insolvenz und dem Umfang der Auslagen abhängt. Dieses wirtschaftliche Ausfallrisiko gefährdet die Grundlage der Berufsausübung des vorläufigen Insolvenzverwalters.

Das Anfechtungsrisiko hat auch aus Sicht des vorläufigen Insolvenzverwalters in seiner Eigenschaft als Unternehmer eine erhebliche Tragweite. Das Bundesverfassungsgericht hat selbst erkannt[228], dass Verwalterkanzleien in erheblichem Umfang geschultes Personal vorhalten, um den Arbeitsanfall bei großen Insolvenzen bewältigen zu können und dass sie häufig auf Insolvenzverwaltung spezialisiert sind. Sie werden die zu erwartenden Vergütungen in ihre kanzleiinternen Business- und Liquiditätsplanungen einstellen. Gehört der Verwalter einer Sozietät an, die bilanziert, so dürfte diese darüber hinaus wegen des kaufmännischen Vorsichtsprinzip, § 252 HGB, verpflichtet sein, Rückstellungen zu bilden, wenn die Anfechtung der Vereinnahmung vorläufiger Verwaltervergütungen droht.

Ein Eingriff in die Berufsausübungsfreiheit ist dem Grunde nach bereits zulässig, wenn ihn vernünftige Allgemeinwohlerwägungen zweckmäßig erscheinen lassen[229]. Dies gilt nur dann nicht, wenn die Berufsausübungsregelung einem Eingriff in die Berufswahlfreiheit nahe kommt. In diesem Fall ist der Eingriff in die Berufsausübungsfreiheit nur gerechtfertigt, wenn Allgemeininteressen von solchem Gewicht bestehen, dass sie Vorrang vor der beruflichen Beeinträchtigung haben[230]. Der Bundesgerichtshof beruft sich in seiner Entscheidung vom 15.12.2011 auf den Wortlaut des § 38 InsO, Wortlaut und Gesetzgebungsgeschichte des § 54 Ziff. 2, 1. Alt. InsO, und den Umstand, dass eine Subsumtion der Vergütung des vorläufigen Insolvenzverwalters des Erstverfahrens unter die Kosten eines Zweitverfahrens zu einer Anhebung der für die Eröffnung notwendigen Masse führe (und dadurch die Absicht des Gesetzgebers konterkariere, die Eröffnungsquoten zu erhöhen) und schließlich die gegebenen Kompensationsmöglichkeiten des mit seiner Vergütung ausfallenden vorläufigen Insolvenzverwalters.

Insbesondere das letzte Argument ist, wie gesehen, das schwächste. Abgesehen von den dogmatischen Bedenken des Bundesgerichtshofs argumentiert er daher mit Interessen der Gläubigergesamtheit des Zweitverfahrens, einer zwar nicht homogenen, aber abgrenzbaren Gruppe bestimmter Personen. Nur im Bereich der Ablehnung einer Ausfallhaftung des Staates sind Interessen der Allgemeinheit berührt. Es handelt sich gerade nicht, wie es die Eingriffsmöglichkeit in Art. 12 GG aber voraussetzt, um Allgemeinwohlinteressen, sondern ausschließlich den Interessen der Gläubiger des insolventen Schuldners. Deren Interesse, nicht mit der Vergütung des vorläufigen Verwalters des Erstverfahrens belastet zu werden, berührt Art. 14 GG. Es muss aber

228 BVerfGE, 1 BvR 135/00, vom 03.08.2004.
229 BVerfGE 7, 377 (405 f.); 65, 116 (125); 77, 308 (332).
230 BVerfGE 32, 1 (34).

hinter den Interessen des vorläufigen Verwalters aus Art. 12 Abs. 1 GG zurückstehen: eine anteilige Gläubigerbefriedigung im Rahmen eines Insolvenzverfahrens ist nur um den Preis zu erhalten, dass ein solches Verfahren Geld kostet.

Die Entscheidung des Bundesgerichtshofs vom 15.12.2011 stellte also, bejahte man einen Eingriff, einen unzulässigen Eingriff in Art. 12 Abs. 1 GG dar und wäre damit verfassungswidrig.

IV. Auswirkungen der Anerkennung der Einordnung der Grundrechte als Maßstab einer objektiven Werteordnung

Nun wurde aber festgestellt, dass es mangels konkreter Feststellbarkeit derjenigen, die von den Normen[231] der §§ 38, 129 ff. InsO betroffen sind, an einem Eingriff i. S. d. Art. 12 Abs. 1 GG fehlt und es aufgrund der Einordnung der Grundrechte als Maßstab einer objektiven Werteordnung darum geht, ob dieser Rechnung getragen wird, wenn in dem hier interessierenden Fall eine Anfechtung der Zahlung der Vergütung zugelassen wird.

1. Grundrechtekollision

Sobald man den Versuch unternimmt, innerhalb eines Privatrechtsverhältnisses die sog. Ausstrahlungswirkung der Grundrechte zu beachten, stellt sich das Problem der Kollision mit den Grundrechten der „anderen Seite". Denn die Ablehnung einer Anfechtungsmöglichkeit reduziert die Quotenaussichten der Gläubiger des Zweitverfahrens mit der Folge, dass zu deren Gunsten die Wertungen des Art. 14 GG zu beachten sind.

Es geht daher in Fällen der mittelbaren Drittwirkung der Grundrechte immer um eine grundrechtsorientierte Auslegung des einfachen Rechts und einen Ausgleich möglicher widerstreitender Interessen der betroffenen Privatrechtssubjekte im Wege einer Abwägung[232], einer (überwiegend sog.) „praktischen

231 Hierzu: BVerfGE 47, 1 sub d.

232 Siehe nur: BVerfGE 90, 27 („*welche Beeinträchtigung im konkreten Fall .... schwerer wiegt*"); aus dem Schrifttum: Maunz/Dürig/Papier, Art. 14 Rn. 220; Sutschet in: Beck-OK BGB, § 242 Rn. 22.

Konkordanz"[233]. Ziel ist es mithin, die auf beiden Seiten betroffenen Grundrechte in Einklang zu bringen, das Gefüge zu optimieren[234].

Dass ein solcher Ausgleich zu erfolgen hat, ist allgemeine Meinung.

Es spielt daher auch keine Rolle, dass die dogmatische Herleitung und die Verortung der Prüfung im konkreten, vom einfach Recht bestimmten Fall, schwierig, besser kaum möglich, ist.

Seinen Grund hat diese Schwierigkeit im wesentlichen auf einer im Grundgesetz noch nicht angelegten Weiterentwicklung staatlicher Abwehrrechte zu einer objektiven Werteordnung, die dogmatisch kaum stringent auf das Zivilrecht, insbesondere das vorkonstitutionelle, übertragen werden kann und dort zu einer Verdrängung der hergebrachten Zivilrechtsdogmatik[235], insbesondere anerkannter Auslegungsgrundsätze, führt und mithin zu einer, „Verdoppelung der Rechtsdogmatik"[236].

So wundert es auch nicht, dass die dogmatischen Schwierigkeiten im Rahmen der Transformation dieser Werteordnung in das einfache Recht durch Begriffe wie Optimierungsgebot, Ausstrahlungswirkung[237] oder durch das Bundesverfassungsgericht im sog. Lüth-Urteil[238] verwandte Wendungen wie *„prinzipielle Verstärkung der Geltungskraft der Grundrechte"* oder der Feststellung, dass sich *„der Rechtsgehalt der Grundrechte als objektiver Normen ... im Privatrecht durch das Medium der dieses Rechtsgebiet unmittelbar beherrschenden Vorschriften entfaltet"* und „älteres Recht inhaltlich auf dieses Wertsystem ausgerichtet" *wird mit der Folge, dass „von ihm her ihm ein spezifisch verfassungsrechtlicher Gehalt zu(fließt), der fortan seine Auslegung bestimmt"*[239] offenbar werden[240].

---

233 Ständige Rechtsprechung, siehe z. B.: BVerfGE 81, 278 (291); 93, 1 (21); 97, 169 (176). Aus der Literatur z. B. Germann in: Beck-OK GG, Art. 4 Rn. 48; Maunz/Dürig/di Fabio, Art. 2 Rn. 136.

234 Zum Prinzip der Grundrechtsoptimierung und der praktischen Konkordanz siehe insbesondere Diederichsen AcP 98, 187 Fn. 74.

235 So Diederichsen AcP 98, 218.

236 So wörtlich Diederichsen AcP 98, 218. Pawlowski spricht in JZ 2000 , 914 sprachlich abweichend, in der Sache gleichbedeutend, von einer *„Verdoppelung der Rechtsordnung"*.

237 BVerfGE 7, 198 (206); aus dem Schrifttum: Axer in Beck-OK GG, Art. 44 Rn. 22; Maunz/Dürig-di Fabio, Art. 2 Rn. 138.

238 BVerfGE 7, 198 ff.

239 Methodische Kritik äußern daher insbesondere Pawlowski in JZ 2000, 913 ff. und Diederichsen in AcP 198, 172 ff., letzterer im Ergebnis mit der Folge der Ablehnung der Lehre der mittelbaren Drittwirkung.

240 Siehe hierzu auch Pawlowski in JZ 2000, 914, der anmerkt, dass diese *„Verdoppelung der Rechtsordnung" in den „Augen der Vertreter der betroffenen Rechtsgebiete mit einer weitgehenden Ungenauigkeit verbunden ist"*.

2. Abwägung

Erkennt man den Einfluss der Werteordnung der Grundrechte auf das Zivilrecht an, ist es vor dem Hintergrund der beschriebenen Grundrechtekollision, die ein „*Alles oder Nichts*“ verbietet, erforderlich, die betroffenen Grundrechte gegeneinander abzuwägen, sie ins Verhältnis zu setzen, um so zu einem optimalen Ausgleich der betroffenen Interessen zu gelangen[241], was wiederum mit einer Verhältnismäßigkeitsprüfung einhergeht[242]. Denn wenn die Betroffenheit des Einen in seinem Grundrecht nicht verhältnismäßig ist, so ist der Ausgleich mit dem Grundrecht des betroffenen Anderen auch nicht optimal. Dabei meint Verhältnismäßigkeit Geeignet, Erforderlichkeit und Angemessenheit[243].

Aufgrund des Moments der Erforderlichkeit gestaltete sich eine Abwägung der widerstreitenden grundrechtsrelevanten Interessen des beteiligten vorläufigen Verwalters und der Gläubiger des Zweitverfahrens einfach, wenn es an dieser dahingehend fehlte, dass eine verfassungskonforme Auslegung einfachgesetzlicher Normen nicht erforderlich wäre, was wiederum dann der Fall wäre, wenn anderweitig sichergestellt wäre, dass dem berechtigten Vergütungsinteresse des vorläufigen Verwalters Rechnung getragen werden kann und ein Widerstreit mit grundrechtlichen Positionen der betroffenen Gläubiger nicht erforderlich wäre.

Mit anderen Worten: kann das einfache Recht bereits so ausgelegt werden, dass auf Seiten des vorläufigen Verwalters der Ausstrahlungswirkung der Grundrechte Rechnung getragen wird, ohne dass der Schutzbereich des Art. 14 GG der Gläubiger des Zweitverfahrens berührt ist, ist eine Grundrechtsoptimierung der widerstreitenden Interessen von vornherein entbehrlich.

Jedoch wurde bereits herausgearbeitet, dass der vorläufige Verwalter anderweitige taugliche Möglichkeiten der Sicherung seines Vergütungsanspruchs nicht hat.

Im Falle des Übergangs der Verwaltungs- und Verfügungsbefugnis auf den vorläufigen Insolvenzverwalter stellt sich das Problem in der Regel nicht, da der vorläufige Insolvenzverwalter die Möglichkeit hat, sich seine Vergütung nach § 25 Abs. 2

241 Hierzu insbesondere Couzinet JuS 2009, 603 (605); Alexy, Grundrechte, 75 f.

242 hierzu eingehend (ausgehend von der sog. Prinzipientheorie): Alexy, Grundrechte, 100 ff.

243 BVerfGE 80, 137 (159 ff.); aus dem Schrifttum statt aller: Huster/Rux in Beck-OK GG, Art. 20 Rn. 189 ff. Die klassische Verhältnismäßigkeitsprüfung bezieht sich in erster Linie auf staatliche Eingriffe in Freiheits- oder Abwehrrechte, während hingegen im Bereich der Verletzung von Schutzpflichten das Untermaßverbot (hierzu BVerfGE 88, 203 (254)) als eine Art „umgekehrter Verhältnismäßigkeitsprüfung“ herangezogen werden soll (hierzu Huster/Rux a. a. O, Rn. 291), was in der Sache jedoch nichts ändert.

S. 1 InsO festsetzen zu lassen und diese dann selbst zu entnehmen. Es wurde aber bereits ausgeführt, dass allein im Vergütungsinteresse des vorläufigen Insolvenzverwalters der Übergang der Verwaltungs- und Verfügungsbefugnis nicht angeordnet werden darf, sondern darüber alleine das Sicherungsinteresse zu entscheiden hat[244].

Auch eine Ausfallhaftung des Staates ist außerhalb der besonderen Regelungen der §§ 4a ff. InsO abzulehnen: das Insolvenzverfahren dient der Befriedigung der Insolvenzgläubiger; die öffentlichen Interessen stellen überwiegend eine Reflexwirkung dar, die eine solche Haftung nicht rechtfertigt.

Auch dadurch, dass der vorläufige schwache Insolvenzverwalter seine Zustimmung zur Zahlung verweigert, wird er die Erledigung des Insolvenzantrages nicht erreichen können, die jedoch zwangsläufig zur Aufhebung der vorläufigen schwachen Verwaltung führen wird und dem Gericht damit die Möglichkeit der Vergütungsfestsetzung abschneidet[245].

Die Sachverständigenvergütung stellt keine Kompensation für die Vergütung als vorläufiger Insolvenzverwalter dar, da der vorläufige Insolvenzverwalter das Amt als Sachverständiger nicht zwangsläufig inne hat, die Ämter darüber hinaus völlig verschieden sind und die Bezahlung nach JVEG in der Regel auch nicht auskömmlich ist[246].

Auch das Bestehenbleiben des materiell-rechtlichen Vergütungsanspruchs kompensiert die Anfechtbarkeit nicht, da dieser Anspruch nicht nur in einem streitigen Zivilprozess durch den ehemaligen vorläufigen Insolvenzverwalter durchgesetzt werden muss, sondern darüber hinaus derartige Ansprüche häufig wirtschaftlich wertlos sind, namentlich in den Fällen, in denen die Erledigung des Insolvenzantrages nicht mit einer Wiederherstellung der wirtschaftlichen Leistungsfähigkeit des Schuldners einhergeht[247].

Ein Ausschluss der Anfechtung durch das Bargeschäftsprivileg des § 142 InsO scheitert zwar weniger an den kaum überzeugenden Argumenten des Bundesgerichtshofs und dessen Vergleich zur Tätigkeit des Rechtsanwalts. Das Bargeschäftsprivileg stellt aber einen eng auszulegenden Ausnahmetatbestand dar, der dem Schuldner ein Weiterwirtschaften in der Krise ermöglichen soll, ein Argument, das auf das Verhältnis zum vorläufigen Insolvenzverwalter in der Regel nicht zutrifft.

Im Rahmen der Möglichkeit der Subsumtion der Kosten der ersten vorläufigen Verwaltung als Verfahrenskosten i. S. d. § 54 Ziff. 2, 1. Alt. InsO überzeugt zwar weniger die begriffsjurisprudentische Negativabgrenzung, die der Bundesgerichtshof vornimmt. In der Tat würde sie aber zu einer Erhöhung der Eröffnungsschwelle des zweiten Insolvenzverfahrens führen und darüber hinaus zu einer Belastung der Gläubiger des Zweitverfahrens mit den Kosten der vorangegangen vorläufigen Verwaltung, an der sie möglicherweise als Gläubiger überhaupt nicht beteiligt waren.

---

244 Vgl. oben A. V. 1.1.

245 Vgl. oben A. V. 1.2.

246 Vgl. oben A. V. 1.3.

247 Vgl. oben A. V. 1.4.

V. Zwischenergebnis

Als Zwischenergebnis ist demgemäß festzustellen:

Zwar fehlt es mangels staatlichen Handelns an einem Eingriff i. S. d. Art. 12 Abs. 1 GG. Aufgrund der anerkannten Ausstrahlungswirkung der Grundrechte auf das einfache Recht sind jedoch im Verhältnis zwischen dem vorläufigen Insolvenzverwalter des Erstverfahrens und den Gläubigern des Zweitverfahrens deren grundrechtlich beeinflussten widerstreitenden Interessen – Vergütungs- versus Quoteninteresse, Art. 12 Abs. 1 und 14 GG – zu einem optimalen Ausgleich zu bringen.

D.h. im Ergebnis, dass eine verfassungsorientierte Auslegung des einfachen Rechts tatsächlich erforderlich ist.

In der Folge ist daher nun der Frage nachzugehen, ob eine solche Auslegung im Bereich der Vorschriften des Anfechtungsrechts erfolgen kann.

Mit anderen Worten ist zunächst zu hinterfragen, inwieweit es überhaupt richtig ist, die Forderungen des vorläufigen Insolvenzverwalters zum Gegenstand einer Anfechtung zu machen, m. a. W.: müssen dessen Forderungen möglicherweise aus dem Anwendungsbereich der §§ 129 ff. InsO herausgenommen werden?

Teil D. Die Einschränkung der Anfechtbarkeit

I. Ausgangspunkt

Die Tätigkeit des vorläufigen Insolvenzverwalters ist vom Berufsbild des Insolvenzverwalters umfasst und muss angemessen vergütet werden. Feststeht aber auch, dass aufgrund der Rechtsprechung des Bundesgerichtshofs diese Vergütung nicht sicher ist und dass aufgrund der Ausstrahlungswirkung der Grundrechte auf das einfache Recht, hier also das Insolvenzrecht, die Anfechtbarkeit der Vergütungsvereinnahmung eine den Wertungen des Art. 12 Abs. 1 GG widersprechende Beschränkung des berechtigten Vergütungsinteresses des vorläufigen Insolvenzverwalters darstellt.

Dies hat seinen Grund in der Auslegung der Anfechtungsvorschriften durch den Bundesgerichtshof.

Nun wäre es grundsätzlich möglich, die Vorschriften der §§ 129 ff. InsO für den hier interessierenden Fall verfassungskonform dahingehend auszulegen, dass eine Anfechtung zu Lasten des staatlich bestellten vorläufigen Insolvenzverwalters nicht möglich ist.

Aus Art. 12 Abs. 1 GG ergibt sich jedoch kein Maßstab, aus denen sich die Grenzen des Insolvenzanfechtungsrechts ableiten lassen.

Vielmehr ist zunächst zu hinterfragen, ob die Auslegung des hinter dem Anfechtungsrecht stehenden Rechtsgedankens durch den BGH zutreffend ist. In diesem Rahmen sind zunächst die grundsätzlichen Erwägungen, die den §§ 129 ff. InsO zugrundeliegen ebenso zu thematisieren wie die Motive, die den Bundesgerichtshof dazu veranlasst haben, deren Voraussetzungen als gegeben anzusehen.

II. Das System der Vorschriften über die Anfechtung nach §§ 129 ff. InsO

Die Anfechtungsvorschriften der §§ 129 ff. InsO verfolgen den Zweck, Vermögensverschiebungen und –schmälerungen im Vorfeld der Insolvenz für den Fall der Eröffnung des Insolvenzverfahrens rückabzuwickeln, um damit die den Gläubigern zur anteiligen Befriedigung zur Verfügung stehende Masse zu erhöhen.

Erreicht wird dadurch eine Rückbeziehung der Wirkungen der Eröffnung des Insolvenzverfahrens über den Stichpunkt der Verfahrenseröffnung hinaus, also eine Vorverlegung des insolvenzrechtlichen Gläubigerschutzes. Die *par condicio creditorum* wird auf einen früheren Zeitpunkt als den der formellen Eröffnung des Insolvenzverfahrens vorverlagert, insbesondere durch die Vorschriften über die besondere Insolvenzanfechtung in den §§ 130–132 InsO[248]. Darüber hinaus sollen sachlich ungerechtfertigte Vermögensverschiebungen, Schenkungen, böswillige Vermögensverfügungen und ein sachlich nicht gerechtfertigter Entzug des haftenden Eigenkapitals rückgängig gemacht werden, §§ 133–136 InsO. Nur so kann der Grundsatz der gleichmäßigen Gläubigerbefriedigung im Insolvenzverfahren überhaupt erreicht werden, da es in der Natur der Sache liegt, dass Gläubiger, die die wirtschaftliche Situation des Schuldners kennen oder mit dem Vermögensverfall rechnen, versuchen, sich zu Lasten der Gläubigergesamtheit Sondervorteile zu verschaffen, bevor es „zu spät" ist.

1. Rechtshandlung

Voraussetzung jeder Insolvenzanfechtung ist das Vorliegen einer Rechtshandlung bzw. einem dieser durch § 129 Abs. 2 InsO gleichgestellten Unterlassen, wobei der Begriff der Rechtshandlung weit zu fassen ist und alle vom Willen getragenen Betätigungen erfasst, die in irgendeiner Weise Rechtswirkungen auslösen können[249].

2. Gläubigerbenachteiligung

Jede Anfechtung setzt ferner eine Gläubigerbenachteiligung voraus[250]. Diese liegt vor, wenn durch die Rechtshandlung die Schuldenmasse vermehrt oder die Aktivmasse verkürzt wird und dadurch der Zugriff der Gläubiger insgesamt[251] auf das Schuldnervermögen vereitelt, erschwert oder verzögert wird[252]. Dabei kommt es entscheidend auf die wirtschaftliche, nicht auf die juristische, Betrachtung

---

248 BGH, Urt. v. 12.06.1963 – VIII ZR 30/62 = WM 1963, 748 (749); BGHZ 59, 230 (232); Uhlenbruck-Hirte, § 129 Rn. 1.

249 Braun/de Bra, § 129 Rn. 10.

250 Hierzu nunmehr: Harbeck, Gläubigerbenachteiligung, passim.

251 BGH, Urt. v. 23.09.1981 – VIII ZR 245/80 = ZIP 1981, 1229 (1231).

252 BGH, Urt. v. 20.01.2011 – IX ZR 58/10 = ZInsO 2011, 421.

an[253]. Zwischen der Rechtshandlung und der Gläubigerbenachteiligung muss ein Kausalzusammenhang dergestalt bestehen, dass ohne die vorgenommene Rechtshandlung eine günstigere Befriedigungsmöglichkeit bestanden hätte[254]. Die Benachteiligung muss sich auf die Insolvenzgläubiger beziehen, also diejenigen persönlichen Gläubiger, die einen zum Zeitpunkt der Eröffnung des Insolvenzverfahrens begründeten Vermögensanspruch gegen den Gläubiger haben. Diesen haftet gem. § 35 Abs. 1 InsO das gesamte Vermögen des Schuldners, das ihm zur Zeit der Eröffnung des Insolvenzverfahrens gehört und das er während des Verfahrens erwirbt. Ergänzend gilt § 36 InsO.

Im Ergebnis liegt damit eine Gläubigerbenachteiligung vor, wenn das der Zwangsvollstreckung unterliegende Vermögen des Schuldners ohne die angefochtene Rechtshandlung größer gewesen wäre und zu einer günstigeren Befriedigungsmöglichkeit der Insolvenzgläubiger geführt hätte[255].

Allerdings ist die Verkürzung des (pfändbaren) Aktivvermögens nur *ein* Fall der Gläubigerbenachteiligung. Es entspricht ständiger Rechtsprechung und allgemeiner Meinung, dass eine solche auch dann vorliegt, wenn die Passiva durch die Begründung von Verbindlichkeiten durch den Schuldner erhöht werden und sich dadurch die Befriedigungsaussichten der Insolvenzgläubiger verschlechtert haben.[256]

> Dies kann auch keinem Zweifel unterliegen: eine Verschlechterung oder Erschwerung der Befriedigungsaussichten der Insolvenzgläubiger liegt eben auch dann vor, wenn sich die Schuldenmasse bei gleichbleibenden Aktiva erhöht. Ob die Aktiva ungerechtfertigt zu gering oder die Passiva ungerechtfertigt zu hoch sind, spielt für den betroffenen Insolvenzgläubiger keine Rolle. In beiden Fällen wirkt sich dies auf seine Insolvenzquote und damit auf seine Befriedigungsaussichten aus.

Entscheidend für die Gläubigerbenachteiligung ist mithin die Auswirkung auf die Befriedigungsquote der *Insolvenz*gläubiger. Eine solche Benachteiligung lässt sich jedoch nicht pauschal mit dem Hinweis darauf ablehnen, dass die Zahlung der Vergütung des vorläufigen Verwalters des Erstverfahrens „die Gläubiger" nicht benachteilige, da der ehemalige vorläufige Verwalter eine Leistung erbracht habe, die nachwirke. Die Berücksichtigung eines etwaigen Gegenwerts hat nämlich

253 Braun/de Bra, § 129 Rn. 23.

254 BGH, Urt. v. 11.05.1989 – IX ZR 222/88 = ZIP 1989, 785 (786).

255 Kreft KTS 2012, 405.

256 RGZ 36, 161 (166 f.); BGH, Urt. v. 11.07.1991 – IX ZR 230/90 = ZIP 1991, 1014 (1018); BGH, Urt. v. 06.04.2006 – IX ZR 185/04 = ZIP 2006, 1009; Jaeger-Henckel (InsO), § 129 Rn. 77; Uhlenbruck/Hirte, § 120 Rn. 117; HK-Kreft § 120 Rn. 37.

nicht bei der Frage nach der Gläubigerbenachteiligung zu erfolgen, sondern entweder im Rahmen des § 142 InsO oder aber bei der Frage, inwieweit Vorteile, die die Masse durch die mutmaßlich anfechtbare Rechtshandlung erhalten hat, einer Gläubigerbenachteiligung entgegenstehen.

Grundsätzlich sind nur solche Folgen zu berücksichtigen, die an die angefochtene Rechtshandlung selbst anknüpfen[257]. Eine Vorteilsausgleichung nach schadensersatzrechtlichen Grundsätzen scheidet aus[258], sieht man einmal von dem Sonderfall des § 143 Abs. 1 S. 2 InsO ab, der (nur) im Falle der Unmöglichkeit der Rückgewähr des anfechtbar weggegebenen Gegenstandes auf §§ 292, 989 BGB verweist. Alle anderen Änderungen im schuldnerischen Vermögen, die Folge der anfechtbaren Handlung sind, bleiben unberücksichtigt.

Ein Beispiel aus jüngerer Zeit ist der sog. „Biersteuer"-Fall des Bundesgerichtshofs vom 09.07.2009[259]:

Dieser Entscheidung lag im Wesentlichen folgender Sachverhalt zugrunde:

Der Schuldner betrieb eine Gaststätte mit Brauerei. Während des Insolvenzantragsverfahrens führte er den Betrieb fort. Durch das Brauen des Bieres entstand zugunsten der später verklagten Bundesrepublik Biersteuer. Die Beklagte setzte die Biersteuer für die Zeit von Mai bis August 2006 i. H.v. etwa 1 T€ fest und ordnete zur Sicherung des Biersteueraufkommens die Beschlagnahme des Bieres an. Der Kläger als vorläufiger Verwalter zahlte, damit der Geschäftsbetrieb nicht zum Erliegen kommt, die Biersteuer unter dem Vorbehalt der späteren Insolvenzanfechtung. Nach Eröffnung des Insolvenzverfahrens verlangte der Kläger als Insolvenzverwalter die Steuer abzüglich einer zwischenzeitlichen Erstattung unter dem Gesichtspunkt der Anfechtung zurück. Nachdem das Amtsgericht der Klage noch stattgegeben hatte, wies das Landgericht sieh ab, da die mit der Herstellung des Bieres entstandene Biersteuer und die Sachhaftung gem. § 76 AO die Insolvenzgläubiger nicht benachteiligt habe. Denn aus dem Schuldnervermögen sei nichts weggeben worden, vielmehr sei das Bier bereits mit der Biersteuer belastet entstanden.

Der Bundesgerichtshof hob das Urteil auf:

Die Zahlung der Biersteuer sei eine Rechtshandlung, die Voraussetzungen einer Anfechtung nach § 130 Abs. 1 S. 1 Nr. 2 InsO gegeben. Die auf § 76 AO gestützte

257 BGH, Urt. v. 09.07.2009 – IX ZR 86/08 = ZIP 2009, 1674; BGH, Urt. v. 08.10.2009 – IX ZR 173/07 = ZIP 2009, 2253; BGH, Urt. v. 26.01.2012 – IX ZR 99/11 = ZIP 2012, 636.

258 BGH, Urt. v. 09.07.2009 – IX ZR 86/08 = ZIP 2009, 1674; BGH, Urt. v. 08.10.2009 – IX ZR 173/07 = ZIP 2009, 2253; BGH, Urt. v. 26.01.2012 – IX ZR 99/11 = ZIP 2012, 636; Jaeger-Henckel (InsO), § 143 Rn. 164; HK-Kreft, § 129 Rn. 37 m. w. N.

259 BGH, Urt. v. 09.07.2009 – IX ZR 86/08 = ZIP 2009, 1674.

Sachhaftung begründe kein Vorrecht der Steuerschuld. Diese sei vielmehr eine einfache Insolvenzforderung. Die Sachhaftung bewirke nur den Erwerb einer erstrangigen dinglichen Pfandberechtigung und demgemäß ein Absonderungsrecht nach § 51 Nr. 4 InsO. Jedoch sei sie in anfechtbarer Weise entstanden.

Insbesondere liegt eine objektive Gläubigerbenachteiligung vor: Das Brauen von Bier sei eine Rechtshandlung, die mit dem Beginn der Herstellung des Bieres die das Schuldnervermögen belastende Sachhaftung für eine Insolvenzforderung zum Entstehen bringe. Dadurch hätten sich die Befriedigungsmöglichkeiten der Insolvenzgläubiger verschlechtert.

Dass sich – und dies ist das Entscheidende – durch *dieselbe Rechtshandlung* die Aktivmasse erhöht habe, ändere hieran nichts. Denn eine Saldierung von Vor- und Nachteilen finde im Anfechtungsrecht nicht statt. Im Gegensatz zum Schadensersatzrecht sei dem Anfechtungsrecht ein Vorteilsausgleich fremd. Im Rahmen der Prüfung einer Anfechtbarkeit müsse das Entstehen der Sachhaftung (und damit des Absonderungsrechts) isoliert betrachtet werden. Für die Gläubigerbenachteiligung sei die konkret bewirkte Verminderung der Aktiva oder die Mehrung der Passiva entscheidend. Nach § 143 Abs. 1 InsO rückgängig zu machen sei genau genommen nicht die Rechtshandlung als solche, sondern deren *die Gläubiger benachteiligende Wirkung*, die durch die Rechtshandlung *verursacht* werde. Die Rechtshandlung bestimme den Urheber und die Verantwortlichkeit. Zurückzugewähren sei nur der beim Gläubiger eingetretene Erfolg. Daher könnten auch einzelne abtrennbare Wirkungen einer einzelnen Rechtshandlung erfasst werden. Der Rückgewähr stehe nicht entgegen, dass die Handlung auch sonstige, für sich nicht anfechtbare, Rechtsfolgen ausgelöst habe, mögen diese auch de Masse erhöht haben. Ein Vorteilsausgleich finde nicht statt. Da mit der Entstehung der Sachhaftung keine für die Masse anderweitige Mehrung des Aktivvermögens oder Minderung der Passiva verbunden sei, sei die Gläubigerbenachteiligung nicht ausgeglichen. Die Anfechtung hatte daher Erfolg.

Danach ist offensichtlich, dass eine mögliche Fortwirkung oder Nützlichkeit für die Masse oder die Gläubiger im Hinblick auf die Anfechtung der Zahlung der Vergütung des vorläufigen Verwalters im Rahmen der Gläubigerbenachteiligung unerheblich ist. Entscheidend ist allein, dass sich durch die Zahlung der Vergütung die Aktiva nicht erhöht und die Passiva nicht vermindert haben. Die Annahme einer möglichen Fortwirkung der Bemühungen des vorläufigen Verwalters im Hinblick auf die Befriedigungsaussichten der Gläubiger würde gerade die Annahme eines eine Gläubigerbenachteiligung ausschließenden Vorteilsausgleichs bedeuten, die aber – wie gesehen – nicht zulässig ist.

Der Bundesgerichtshof weist in seiner Entscheidung vom 15.12.2011 darauf hin, dass eine Gläubigerbenachteiligung im eröffneten Verfahren schließlich nicht mit dem Argument verneint werden könne, der vorläufige Insolvenzverwalter sei letztlich im Interesse der Gläubiger tätig geworden, weshalb diese nicht benachteiligt sein könnten.

Er hebt völlig zu recht hervor, dass ein solches Argument unzulässigerweise einen abstrakten Gläubigerbegriff unterstelle. Die Benachteiligung i. S. d. § 129 InsO muss sich auf die Insolvenzgläubiger beziehen, also diejenigen, die einen im Zeitpunkt der Verfahrenseröffnung begründeten Vermögensanspruch gem. § 38 InsO gegen den Schuldner haben.

Im Ergebnis scheitert also die Anfechtung nicht am Vorliegen einer Gläubigerbenachteiligung.

3. Vorliegen eines Anfechtungstatbestandes

Nicht jede gläubigerbenachteiligende Rechtshandlung begründet einen Anfechtungsanspruch. Hinzukommen muss das Vorliegen eines Anfechtungstatbestandes der §§ 130–134 ff. InsO, die cum grano salis gemein haben, dass ihre Voraussetzungen umso geringer sind, je geringer der zeitliche Abstand zum Insolvenzantrag ist.

4. Bargeschäft, § 142 InsO

Unter Geltung der Konkursordnung gab es keine dem § 142 InsO entsprechende Vorschrift. Dort entwickelte der Bundesgerichtshof die Begriffe des „Bargeschäfts" und der „Bardeckung" unter Zugrundelegung des Gedankens, dass einem Geschäft, im Rahmen dessen dem Vermögen des späteren Gemeinschuldners ein Gegenwert zufließt, die Gläubigerbenachteiligung fehlt. Der Gesetzgeber der InsO hat, wie sich den Gesetzesmaterialien entnehmen lässt, diese Rechtsprechung in § 142 InsO unverändert übernommen.

4.1 Grundsatz

Das in § 142 InsO geregelte Bargeschäftsprivileg nimmt die Anfechtung solcher Leistungen des Schuldners aus, für die unmittelbar eine gleichwertige Gegenleistung in sein Vermögen gelangt ist, sofern nicht die Voraussetzungen der Vorsatzanfechtung, § 133 InsO, vorliegen. Die Vorschrift will erreichen, dass der Schuldner in der Krise nicht vom Geschäftsverkehr ausgeschlossen wird, was die zwangsläufige Folge wäre, wenn auch wertäquivalente Bargeschäfte der Anfechtung unterlägen[260].

260 HK-Kreft, § 142 Rn. 2; HambKomm-Rogge/Leptien, § 142 Rn. 1.

4.2 Verknüpfung von Leistung und Gegenleistung

Der Bundesgerichtshof geht in ständiger Rechtsprechung davon aus, dass die Gegenleistung *für* die Leistung des Schuldners erbracht worden sein müsse, d. h. Leistung und Gegenleistung müssen durch Parteivereinbarung miteinander verknüpft sein[261]. Eine Erfüllung gesetzlicher Ansprüche reicht demgegenüber nicht aus[262].

Diesen Grundsatz stellte der Bundesgerichtshof jedoch in seiner Entscheidung vom 15.12.2011 wieder in Frage. Hier wies er daraufhin, dass nach dem Wortlaut des § 142 InsO nur entscheidend sei, ob für die Leistung unmittelbar eine gleichwertige Gegenleistung in das Vermögen des Schuldners gelangt sei und dass es insoweit erwägenswert erscheine, auch dem vorläufigen Insolvenzverwalter in dieser Konstellation die „Wohltat" des Bargeschäfts zu gewähren.

4.3 Unmittelbarkeit des Leistungsaustauschs und Gleichwertigkeit

Ausweislich der Gesetzesbegründung zu § 142 InsO besagt das Wort „*unmittelbar*" nur, dass zwischen Leistung und Gegenleistung ein enger Zusammenhang bestehen müsse. Zwischen beiden dürfe eine gewisse Zeitspanne liegen. Sie dürfe jedoch nicht so lang sein, dass das Rechtsgeschäft unter Berücksichtigung der üblichen Zahlungsbräuche den Charakter eines Kreditgeschäfts erhalte, eine Formulierung, die so sinngemäß auch durch den Bundesgerichtshof verwandt wird[263].

Besteht in diesem Ausgangspunkt noch Einigkeit, gehen in der Folge die Rechtsprechung des Bundesgerichthofs und des Bundesarbeitsgerichts weit auseinander.

Der Bundesgerichtshof hielt eine 30-Tages-Frist zwischen Lieferung und Zahlung bei Kaufverträgen über bewegliche Sachen für unbedenklich[264]. Die gleiche Frist wandte er auf Leasingverträge an[265] und anwaltliche Geschäftsbesorgungsverträge[266], so dass zu konstatieren ist, dass die Höchstgrenze nach der Rechtsprechung des Bundesgerichtshofs bei 30 Tagen liegt[267].

---

261 BGHZ 123, 320; BGH, Urt. v. 15.12.2011 – IX ZR 118/11 = ZInsO 2012, 241 m. w. N.; BGH, Urt. v. 20.09.1993 – IX ZR 227/92 = ZIP 1993, 1653 (1655); HambKomm-Rogge/Leptien, § 143 Rn. 3.

262 Ausführlich hierzu Kayser ZIP 2007, 49 ff.

263 BGH, Urt. v. 13.04.2006 – IX ZR 158/05 = ZInsO 2006, 712.

264 BGH, Urt. v. 21.06.2007 – IX ZR 231/04 = NZI 2007, 517.

265 BGH, Urt. v. 02.04.2009 – IX ZR 171/07 = NZI 2009, 378.

266 BGH, Urt. v. 06.12.2007 – IX ZR 113/06 = NZI 2008, 173.

267 bestätigt wiederum in BGH, Urt. v. 06.10.2011 – 6 AZR 262/10 = ZInsO 2012, 37.

Anders das Bundesarbeitsgericht in einer Entscheidung vom 06.10.2011[268], die die Anfechtbarkeit von Lohnzahlungen betraf. Hier wies das Bundesarbeitsgericht daraufhin, dass die für die abschnittsweise Vergütung erbrachter Leistungen entwickelten (zeitlichen) Grundsätze für Arbeitsverhältnisse nicht anwendbar seien. Die in Anlehnung an § 286 Abs. 3 S. 1 BGB postulierte 30-Tages-Frist passe hier nicht. Da der Arbeitnehmer wisse, dass sein Gehalt der letzten 3 Monate vor dem Insolvenzereignis durch das Insolvenzgeld abgesichert sei, sei er zur Weiterarbeit bereit. § 142 InsO solle sicherstellen, dass der Schuldner weiter am Geschäftsverkehr teilnehmen könne. Dieses Ziel werde konterkariert, wenn Arbeitnehmer die Rückforderung ihrer Lohnzahlungen fürchten müssten, die Anfechtung sei daher nach § 142 InsO ausgeschlossen. Verkehrsauffassung und Gepflogenheiten sprächen daher für eine längere Frist. Das Bundesarbeitsgericht gelangt hier zu einem Zeitraum von bis zu 3 Monaten, der einem Bargeschäft nicht entgegenstehen solle.

4.4 Fehlende Inkongruenz

Ein Bargeschäft scheidet ferner aus, wenn ein Fall der inkongruenten Deckung vorliegt, nach der Rechtsprechung des Bundesgerichtshofs deshalb, weil „Leistung“ im Sinne des § 142 InsO nur die geschuldete – also die kongruente – sein könne[269].

4.5 Stellungnahme

Das Bargeschäftsprivileg des § 142 InsO ist ein Korrektiv, das nach der Vorstellung des Gesetzgebers dazu dienen soll, dem Schuldner grundsätzlich ein Weiterwirtschaften in der Krise im beschränkten Rahmen zu ermöglichen[270]. Wie sich der Rechtsprechung entnehmen lässt und wie die genannte Entscheidung des Bundesarbeitsgericht augenscheinlich zeigt, ist die Vorschrift zugleich ein Einfallstor für wertende Betrachtungen, befördert durch die weitgehende Unergiebigkeit des Begriffs der Unmittelbarkeit und seiner gesetzgeberischen Begründung. Die vom Bundesgerichtshof postulierte 30-Tages-Frist, angelehnt an den Rechtsgedanken des § 286 Abs. 3 BGB, kann nach dessen und auch im ansonsten überwiegender Auffassung *im Regelfall* herangezogen werden, was es jedoch nach der Literatur

268 Az. 6 AZR 262/10. Ablehnend Huber EWiR 2011, 817; Ganter ZIP 2012, 2037; Jacobs/Doebert ZInsO 2012, 618; Plathner/Sajogo ZInsO 2012, 618; zustimmend: Wroblewski NJW 2012, 894.

269 Ständige Rechtsprechung des Bundesgerichtshofs, siehe nur BGH, Urt. v. 10.05.2007 – IX ZR 146/05 = NZI 2007, 456; kritisch Paulus FS Fischer, 2008, S. 445 (454).

270 Begr RegE BR-Drs. 12/2443 S. 167; BGH, B. v. 27.09.1984 – IX ZR 3/84 = WM 1984, 1430; FK-Dauernheim, § 142 Rn. 1.

nicht ausschließt, im Übrigen übliche Zahlungsbräuche sowie andere Umstände des Einzelfalls, insbesondere Art des Geschäfts und die Verkehrsauffassung zu berücksichtigen[271]. Doch was ist der Zahlungsbrauch der Vergütung des vorläufigen Insolvenzverwalters und wie ist die Verkehrsauffassung?

Es dürfte jedenfalls zu kurz greifen, wenn der Bundesgerichtshof in seiner Entscheidung vom 15.12.2011 die Tätigkeit des vorläufigen Insolvenzverwalters derjenigen eines Rechtsanwalts gleichsetzt, in dem er auch auf diesen die 30-Tage-Regel anwendet. Dem Rechtsanwalt ist es ohne weiteres möglich, dafür Sorge zu tragen, dass zwischen dem Beginn seiner anwaltlichen Tätigkeit und der Erbringung der Honorarzahlung nicht mehr als 30 Tage verstreichen und damit ein Bargeschäft vorliegt[272]. Verlangt er einen Vorschuss, hat er es in der Hand, diesen so zu bemessen, dass er der zu erwartenden Vergütung für die nächsten 30 Tage entspricht, um das Bargeschäftsprivileg zu genießen[273]. Erhält er ihn nach Anforderung nicht, kann er das Mandat kündigen.

Die Übertragung dieser Rechtsprechung auf den vorläufigen Insolvenzverwalter begegnet bereits im Hinblick auf die Vergleichbarkeit der Sachverhalte erheblichen Bedenken:

Der (endgültige) Insolvenzverwalter kann mit Zustimmung des Insolvenzgerichts gem. § 9 InsVV einen Vorschuss aus der Masse entnehmen, wenn das Insolvenzgericht zustimmt. Die Zustimmung *soll* erteilt werden, wenn das Insolvenzverfahren bereits länger als 6 Monate andauert oder wenn besonders hohe Auslagen erforderlich sind. Die Zustimmung ist in der Regel zu erteilen, wenn die Gefahr besteht, dass der Insolvenzverwalter mit seiner Vergütung ggf. ausfällt[274]. Die Vorschrift ist über § 10 InsVV auch auf den vorläufigen Insolvenzverwalter anwendbar, wobei die Voraussetzungen des § 9 S. 2, 1. Alt InsVV in der Regel nicht gegeben sind, sondern höchstens der Umstand besonders hoher Auslagen, § 9 S. 2, 2. Alt. InsVV bzw. ein hohes Ausfallrisiko[275].

Im Gegensatz zum anwaltlichen Vorschuss wird jedoch nicht dasjenige festgesetzt, was an Vergütung für die Zukunft zu erwarten ist, sondern dasjenige, was der vorläufige Insolvenzverwalter bereits verdient hat[276].

---

271 FK-Dauernheim, § 142 Rn. 5 ff.; Braun/Riggert, § 142 Rn. 14.

272 Vgl. nur Jaeger-Henckel (InsO), § 142 Rn. 34; FK-Dauernheim, § 142 Rn. 8.

273 Für diesen Fall: BGH ZIP 2008, 232; BGH, Urt. v. 06.12.2007 – IX ZR 113/06 = ZInsO 2008, 101; FK-Dauernheim, § 142 Rn. 8.

274 Nerlich/Römermann-Madert, § 9 InsVV Rn. 1.

275 Stephan/Riedel-Stephan, § 9 InsVV Rn. 8.

276 MünchKomm-Nowak, § 9 InsVV Rn. 1; Eickmann, InsVV, § 9 Rn. 10.

Der vorläufige Insolvenzverwalter wäre also gar nicht in der Lage, sein Tätigwerden von der Bewilligung und Entnahme eines Vorschusses abhängig zu machen. Lehnt das Gericht die Festsetzung ab, ist ein Rechtsbehelf hiergegen nicht gegeben, da sich § 64 Abs. 3 S. 1 InsO nicht auf die Vergütungsfestsetzung bezieht[277].

Selbst wenn man dies, wie *Keller*[278], anders sieht, hilft dies dem vorläufigen Insolvenzverwalter nicht, da dann jedenfalls die nach der Rechtsprechung des Bundesgerichtshofs erforderliche 30-Tages-Frist nicht gewahrt wäre.

Dies wäre höchstens dann nicht der Fall, wenn man sich auf den Standpunkt stellte, dass sich die 30-Tage-Frist verlängert, wenn die Überschreitung auf Umständen beruht, die der Gläubiger nicht beeinflussen kann, z. B. im Rahmen der Bearbeitung eines gerichtlichen Festsetzungsantrages[279].

Dies würde jedoch bedeuten, von dem Moment des „engen zeitlichen Zusammenhangs" vollständig Abstand zu nehmen. Eine möglicherweise um Wochen oder Monate verschobene Gegenleistung ist auch dann nicht mehr in einem engen zeitlichen Zusammenhang erbracht – und damit nicht mehr unmittelbar – wenn die Verzögerung durch keine der Vertragsparteien zu vertreten ist. Eine solche Argumentation würde in § 142 InsO ein Verschuldenselement hineininterpretieren, das dem Anfechtungsrecht, das keine Schadensersatzfunktion hat[280], wesensfremd ist.

Nach alledem erscheint es sehr zweifelhaft, ob eine Übertragung der für das Honorar des Rechtsanwalts entwickelten Grundsätze auf den vorläufigen Insolvenzverwalter möglich ist.

Dahinstehen kann dies, wenn ein Bargeschäft ohnehin an einem anderen Moment scheitert:

Als Ausnahmefall zur grundsätzlichen Anfechtbarkeit der Zahlung kongruenter Leistungen dient das Bargeschäftsprivileg dazu, dem Schuldner das Weiterwirtschaften in der Krise zu ermöglichen. Niemand schlösse mit dem Schuldner bzw. dem vorläufigen Insolvenzverwalter noch Geschäfte ab, sofern jeder Austausch in der Krise anfechtbar wäre[281], der Geschäftsbetrieb käme zwangsläufig zum Erliegen Das Bargeschäftsprivileg besteht also im Sinne des weiter am Geschäftsverkehr teilnehmen wollenden Schuldners und zum Schutz seines Vertragspartners.

Das Verhältnis des Schuldners zum vorläufigen Insolvenzverwalter ist ein völlig anderes.

---

277 Stephan/Riedel-Stephan, § 9 Rn. 30.

278 Keller, Vergütung und Kosten in Insolvenzverfahren, Rn. 439 ff.

279 so Braun-Riggert, § 142 Rn. 16.

280 Braun-Riggert, § 142 Rn. 19.

281 Statt aller: FK-Dauernheim, § 142 Rn. 1.

Nicht allein entscheidend ist, dass der Leistung des vorläufigen Insolvenzverwalters keine rechtsgeschäftliche Vereinbarung mit dem Schuldner zugrundeliegt[282]. Ausschlaggebend ist vielmehr, dass der Schuldner, um weiter am Markt tätig zu sein, auf die Leistungen des vorläufigen Insolvenzverwalters gerade *nicht* angewiesen ist, ganz im Gegenteil: er wird – solange er nicht von den Vollstreckungsbeschränkungen des vorläufigen Insolvenzverfahrens profitieren will – die Leistungen des vorläufigen Insolvenzverwalters gerade nicht anstreben, sie im Gegenteil als störend empfinden.

Damit ist jedoch der geschilderte, hinter § 142 InsO stehende, Rechtsgedanke in dieser Konstellation gerade nicht einschlägig. Wenn es aber nicht darum geht, dem Schuldner ein Weiterwirtschaften zu ermöglichen, das § 142 InsO ermöglichen soll, verbietet sich die Anwendbarkeit dieser Ausnahmevorschrift gerade.

Der Bundesgerichtshof hat also wenigstens im Ergebnis Recht, wenn er die Anwendbarkeit des § 142 InsO ablehnt.

Für dieses Ergebnis spricht auch der Ausnahmecharakter dieser Vorschrift, die eine ausdehnende Anwendung verbietet, wenngleich eine solche in der Rechtsprechung bisweilen festzustellen ist. Dabei wird § 142 InsO bisweilen als Korrektiv einer als ungerecht empfundenen Anfechtungsrechtsfolge empfunden oder es wird der Versuch unternommen, die durch die Insolvenzordnung abgeschafften Rangklassen „durch die Hintertür“ wieder einzuführen.

Exemplarisch hierfür ist der Beschluss des Bundesarbeitsgerichts vom 27.02.2008[283], indem das Bundesarbeitsgericht auf den vom Gesetzgeber gewollten spezifischen Arbeitnehmerschutz abstellt und dann wörtlich:

„Es ist kein überzeugender Grund ersichtlich, dem Arbeitnehmer bei der Verteidigung verdienter Vergütung gegen eine Rückgewähr nah § 143 Abs. 1 InsO diesen verfahrensrechtlichen[284] *Schutz zu nehmen“.*

Im Zusammenhang einer anderen Vorschrift des Anfechtungsrechts, aber getragen von dem gleichen Bestreben, eine Entscheidung des LAG Niedersachsen[285], wonach tarifliche Ausschlussfristen der Verjährungsfrist des § 146 InsO vorgehen[286].

---

282 Ein Moment, hinsichtlich dessen es der BGH in seiner Entscheidung vom 15.12.2011 für erwägenswert hält, darauf zu verzichten.

283 BAG, B. v. 27.02.2008 – 5 AZB 43/07 = NZI 2008, 455. Zur Insolvenzanfechtung und zum Bargeschäftsprivileg in der Rechtsprechung des Bundesarbeitsgerichts siehe insbesondere Plathner/Sajogo ZInsO 2012, 581 ff.

284 Gemeint ist: der Arbeitsgerichtsbarkeit.

285 LAG Niedersachsen, Urt. v. 22.03.2012 – 7 Sa 1052/11 = NZI 2012, 862 ff.

286 Derartige Vorzüge insgesamt ablehnend: Ries FS Haarmeyer, S. 247; HK-Kreft, § 129 Rn. 98; Huber ZInsO 2011, 519: Krüger/Wigand ZInsO 2011, 1441; Ries ZinsO 2010, 2382; ders. ZInsO 2012, 1751.

III. Teleologische Reduktion des § 129 InsO im Hinblick auf die Vergütung des vorläufigen Insolvenzverwalters?

Steht damit also fest, dass das Bargeschäftsprivileg des § 142 InsO über die Anfechtbarkeit der Zahlung der Vergütung des vorläufigen Insolvenzverwalters nicht hinweghilft, fragt sich, ob andere Momente der §§ 129 ff. InsO fruchtbar gemacht werden können.

Wenn erstens die Vorschriften der §§ 129 ff. InsO im Sinne der *par condicio creditorum* der Vorverlagerung des Gläubigergleichbehandlungsgrundsatzes dienen sollen und solche Rechtsgeschäfte, die in der *période suspecte* vorgenommen wurden, rückabgewickelt werden sollen, da sie dieses Prinzip konterkarieren und zweitens festgestellt wurde[287], dass die Anfechtbarkeit der Vergütung des vorläufigen Insolvenzverwalters im Zweitverfahren den Schutzbereich des Art. 12 Abs. 1 GG im Sinne einer Ausstrahlungswirkung der Grundrechte in das einfache Recht tangiert, ist es dann nicht möglicherweise angezeigt, die Anfechtungsvorschriften dahingehend teleologisch zu reduzieren, dass im Falle der Vergütung des vorläufigen Insolvenzverwalters der Begriff *„vor Eröffnung des Insolvenzverfahrens"* dahingehend einzuschränken ist, dass eine Anfechtung ausgeschlossen ist, wenn die Rechtshandlung zwar vor formeller Eröffnung des Insolvenzverfahrens, aber in der Phase der materiellen Insolvenz eingetreten ist und die Rechtshandlung wegen der zuvor eingetretenen materiellen Insolvenz erst vorgenommen wurde, m. a. W. die Rechtshandlung objektiv zurechenbare Folge der materiellen Insolvenz war?

Denn das den Vorschriften der §§ 129 ff. InsO zugrundeliegende Motiv, dass eine Rückbeziehung der Wirkungen der Eröffnungen des Verfahrens notwendig ist, weil im Vorfeld einer sich abzeichnenden Insolvenz typischerweise Gläubiger versuchen, sich Sondervorteile zu verschaffen, die mit dem Prinzip der *condicio par creditorum* unvereinbar sind, passt auf die Situation des vorläufigen Insolvenzverwalters nicht.

Er wird, von Sonderfällen abgesehen[288], immer dann bestellt, wenn ein Insolvenzgrund mindestens glaubhaft gemacht ist, mit anderen Worten eine gewisse Wahrscheinlichkeit einer materiellen Insolvenz gegeben ist. Zweck seines Handelns ist die Sicherung des status quo im Hinblick auf die spätere Eröffnung des

---

287 Siehe A. IX. 6.

288 Nämlich in dem seltenen Fall der Bestellung zu Aufklärungszwecken, die auch bei einem Insolvenzantrag möglich ist, dessen Zulässigkeit noch ungeklärt ist.

Insolvenzverfahrens, das Entstehen seines Vergütungsanspruchs ist Folge seiner gerichtlichen Bestellung und seines Tätigwerdens. Dieser Anspruch entsteht typischerweise in einem Zeitpunkt materieller Insolvenz des Schuldners und in einem solchen Zeitpunkt wird er typischerweise auch bezahlt.

Vordergründig spricht gegen eine solche Besserstellung, dass die Vergütung des vorläufigen Insolvenzverwalters mitnichten die einzige Forderungsart ist, die in diesem Zeitraum entsteht. Natürlich entstehen bei bereits eingetretener materieller Insolvenz jegliche Arten von Forderungen, soweit der Schuldner nur „weiterwirtschaftet“ und er an deren Begründung nicht durch die Anordnung mindestens eines Zustimmungsvorbehaltes im Rahmen einer vorläufigen Insolvenzverwaltung gehindert wird.

Dennoch unterscheiden sich diese Forderungen in einem wesentlichen Punkt von der Vergütung des vorläufigen Insolvenzverwalters:

Die Forderungen, die Gläubiger gegen den Schuldner erwerben, der trotz eingetretener materieller Insolvenz weiterwirtschaftet, stehen zu der wirtschaftlichen Situation des Schuldners typischerweise in keinem Kausalzusammenhang. Sie entstehen, weil der Schuldner Leistungen in Anspruch nimmt, die er auch schon vor der materiellen Insolvenz in Anspruch genommen hat und dies auch weiter tut oder sie entstehen – wenn es sich um einen neuen Gläubiger handelt – nur zufällig in der Phase der materiellen Insolvenz.

Dies ist beim vorläufigen Insolvenzverwalter, wie gesehen, anders:

Dessen Vergütung entsteht typischerweise in der Situation der materiellen Insolvenz. Wäre diese nicht wenigstens glaubhaft gemacht, käme die Bestellung des vorläufigen Insolvenzverwalters regelmäßig nicht in Betracht, ein Vergütungsanspruch entstünde nicht.

Es besteht daher ein sachlicher Grund, die Forderungen sonstiger Gläubiger nicht von der Anfechtung – wie auch immer man die teleologische Reduktion des § 129 InsO zu begründen vermag – auszunehmen.

Auch an anderer Stelle werden Forderungen von Insolvenzgläubigern je nach ihrem Entstehenszeitpunkt anders behandelt[289]:

Im Falle der Insolvenzverschleppung ist zwischen denjenigen Gläubigern zu unterscheiden, die bereits bei Eintritt der Insolvenzantragspflicht eine Forderung gegen den Schuldner hatten (sog. Altgläubiger). Diese Gläubiger können nur den sog. Quotenverringerungsschaden verlangen, wenn und soweit die auf ihre Forderungen entfallende Quote durch zwischenzeitliche Masseschmälerungen geringer ausfällt

289 Hierzu auch Ries FS Haarmeyer, S. 254.

als sie bei rechtzeitiger Antragstellung ausgefallen wäre[290]. Ihnen stehen diejenigen gegenüber, die erst nach Eintritt der Insolvenzantragspflicht (aber vor Verfahrenseröffnung) einen Anspruch gegen den Schuldner erworben haben (sog. Neugläubiger). Diese können das negative Interesse verlangen und zwar von demjenigen, der zur Antragstellung verpflichtet gewesen wäre, sie sind also zu stellen, als hätten sie das Geschäft mit dem Schuldner gar nicht abgeschlossen[291].

Gleichwohl beide Gläubiger"gruppen" unterschiedlich behandelt werden, sind ihre Forderungen doch jeweils Insolvenzforderungen i. S. d. § 38 InsO.

Um herauszufinden, ob der Grundsatz der materiellen Insolvenz fruchtbar gemacht werden kann, ist es erforderlich, diesen schillernden Begriff zunächst einmal in seiner Tragweite zu beleuchten.

IV. Das Dogma der materiellen Insolvenz

1. Ausgangspunkt

Die Entscheidung des Bundesgerichtshofs vom 15.12.2011 beruht auf der Prämisse einer strikten Trennung des ersten sodann erledigten Insolvenzantrages vom Folgeantrag. Ungeachtet der Gründe, die zur Erledigung des Erstantrages geführt haben, bedingt die spätere Eröffnung aufgrund eines Folgeantrages, wie gesehen, eine Gefährdung des Vergütungsanspruchs.

Unberücksichtigt bleibt, ob der Schuldner seine wirtschaftliche Leistungsfähigkeit im Sinne der Beseitigung der Zahlungsunfähigkeit oder Überschuldung zwischen Erst- und Zweitantrag wieder erlangt hat oder ob diese auch nach Erledigung des Insolvenzantrages fortgewirkt hat und hieraus Folgen für die Stellung des aufgrund des ersten Antrages bestellten vorläufigen Insolvenzverwalters zu ziehen sind. Feststeht nur, dass das neue Verfahren ein neues Aktenzeichen erhält, also prozessual mit dem ersten Antragsverfahren nichts gemein hat. *Ries*[292] spricht sinnbildlich von einem *„erneuten Anlauf mit neuem Gerichtsaktenzeichen"*.

Diese prozessuale Trennung ist die notwendige Voraussetzung der Gefährdung des Vergütungsanspruchs im Folgeverfahren.

Doch ist sie auch hinreichend?

---

290 BGHZ 126, 181 (190); HambKomm-Pohlmann, § 92 Rn. 45.

291 BGH, Urt. v. 15.03.2011 – II ZR 2004/09 = ZInsO 2011, 970 (974); HambKomm-Pohlmann, § 92 Rn. 46a.

292 Ries FS Haarmeyer S. 269.

> Es sind Fälle denkbar, in denen die strikte prozessuale Trennung möglicherweise auch nach der Rechtsprechung des Bundesgerichtshofs nicht zwangsläufig zu dieser Problematik führt. So lässt der Bundesgerichtshof in seiner Entscheidung vom 15.12.2011 offen, ob in den Fällen, in denen mehrere zulässige und begründete Eröffnungsanträge vorliegen, von denen nur einer zur Eröffnung führte, weshalb die anderen für erledigt erklärt werden mussten, die im nicht zur Eröffnung führenden Antragsverfahren angefallenen Vergütungen des vorläufigen Insolvenzverwalters dem eröffneten und durchzuführenden Verfahren zuzurechnen sind.

Um diese Strukturen zu verstehen, ist es erforderlich, zunächst die Voraussetzungen darzustellen, unter denen die Eröffnung eines Insolvenzverfahrens überhaupt erfolgt.

2. Die Formalisierung des Insolvenzereignisses

Das Insolvenzverfahren wird eröffnet, wenn der Insolvenzantrag zulässig ist, die Kosten des Insolvenzverfahrens gedeckt sind und das Gericht vom Vorliegen mindestens eines für die Rechtsform des Schuldners maßgeblichen Insolvenzgrundes überzeugt ist. Es muss ein Eröffnungsgrund gegeben sein, § 16 InsO. Dieser stellt die Rechtfertigung für ein Verfahren dar, in dem wegen des insuffizienten Schuldnervermögens die Gläubigerinteressen nur noch in einer Weise berücksichtigt werden können, dass vom Prioritätsprinzip der Einzelzwangsvollstreckung abgewichen wird[293].

Aufgrund der weitreichenden Folgen, die die Eröffnung des Insolvenzverfahrens für den Schuldner und weitere Beteiligten des Insolvenzverfahrens hat, ist die Verfahrenseröffnung streng formalisiert, §§ 27 ff. InsO. Neben dem Übergang der Verwaltungs- und Verfügungsbefugnis, § 80 InsO, und der Unterbrechung anhängiger massebezogener Prozesse sind aus Gläubigersicht an erster Stelle das Verbot von Individualzwangsvollstreckungsmaßnahmen zu nennen, § 89 InsO, und die Beschränkungen hinsichtlich der Leistungsbefreiung bei fortgesetzter Leistung an den Schuldner, § 81 InsO. Insbesondere die Vorschrift des § 27 InsO dient dabei der Rechtsklarheit[294]. Dabei führt nach Zulassung des Antrages die gerichtliche Feststellung eines oder mehrerer Insolvenzgründe von Gesetzes wegen und ohne weitere dazwischentretende Entscheidung zu diesen Rechtsfolgen.

---

293 HK-Kirchhof, § 16 Rn. 3.

294 Braun/Herzig, § 27 Rn. 1; HK-Kirchhof, § 27 Rn. 2; sinngemäß auch Nerlich/Römermann-Mönning/Schweizer, InsO, § 27 Rn. 7.

3. Der Anknüpfungspunkt des Vermögensverfalls

Ungeachtet der dargestellten grundrechtsrelevanten Folgen der Eröffnung des Insolvenzverfahrens, insbesondere für den Schuldner, ist dabei die strenge Formalisierung der Verknüpfung der Voraussetzungen der Verfahrenseröffnung mit der gerichtlichen Feststellung des Eintritts des Insolvenzereignisses, § 16 InsO, nicht denknotwendig.

Auch in anderen Rechtsbereichen wird der Vermögensverfall eines Rechtssubjekts als Risiko einer Gefährdung der Gläubigerinteressen oder als Anlass für die Marktbereinigung zum Anknüpfungspunkt einschneidender, auch grundrechtsrelevanter, Maßnahmen für den Betroffenen, ohne dass diese Maßnahmen an einen durch gerichtliche Entscheidung festgesetzten Zeitpunkt gebunden wären.

So ist beispielsweise die Zulassung des Rechtsanwalts vorbehaltlich einer fehlenden Gefährdung der Interessen der Rechtssuchenden zu widerrufen, sofern er in Vermögensverfall gerät, § 14 Abs. 2 Nr. 7 BRAO. Vergleichbares gilt für Notare (§ 50 Abs. 1 Nr. 6 BnotO), Steuerberater (§ 46 Abs. 2 Nr. 4 StBerG), Wirtschaftsprüfer (§ 20 Abs. 2 Nr. 5 i. V. m. § 16 Abs. 1 Nr. 7 WPO), vereidigte Buchprüfer (§ 129 Abs. 1 WPO), aber auch außerhalb der rechts- und steuerberatenden Berufe für Architekten[295] und – unter anderen Voraussetzungen – für Angehörige der Heilberufe[296].

Die Anknüpfung in die Rechte des Schuldners eingreifender Maßnahmen an den Vermögensverfall als einer Situation ungeordneter schlechter wirtschaftlicher Verhältnisse, die zu einer Gefährdung des Rechtsverkehrs Anlass geben und mit deren Beseitigung in absehbarer Zeit nicht zu rechnen ist, geht auch nicht zwangsläufig mit dem Manko mangelnder Rechtsklarheit und Absehbarkeit für den Betroffenen einher[297] , wenn nur sichergestellt ist, dass gerichtlich festgestellt wird, wann der Vermögensverfall eingetreten ist.

Knüpft man Maßnahmen an den Vermögensverfall und nicht allein an einen gerichtlich festgestellten formellen Zeitpunkt, erlaubt dies die Einbeziehung und wertende Betrachtung der Umstände des Einzelfalls und insbesondere die Möglichkeit des Eintritts der gewünschten Rechtsfolge ab dem Zeitpunkt, der

---

295 Zu den landesrechtlichen Regelungen des Zulassungswiderrufs bei Architekten und der berufsrechtlich gleich behandelten Berufe (insbesondere Ingenieure und Stadtplaner): Smid/Rattunde/Martini, Rn. 25.32 f.

296 Smid/Rattunde/Martini, Rn. 25.39 ff.

297 So aber beispielsweise Schippel/Bracker, BNotO, 9 Auflage 2011, § 50 Rn. 20, die darauf hinweisen, dass sich der BGH allein in den Jahren 2007 bis 2009 in 13 Fällen mit dem Vermögensverfall von Notaren beschäftigen mussten.

nach der Vorstellung des jeweiligen Gesetzes die Rechtfertigung für Maßnahmen gegen den Betroffenen ist.

Dabei zeichnet sich freilich eine Vielzahl der Regelungen, die an den Vermögensverfall Rechtsfolgen für den Betroffenen knüpfen, dadurch aus, dass nicht immer recht klar ist, welche objektiven Auswirkungen der Vermögensverfall des Betroffenen für das übernommene Amt oder Gewerbe haben soll.

Die Regelung in § 33 Nr. 5 GVG beispielsweise, wonach zum Schöffen nicht bestellt werden soll, wer in Vermögensverfall geraten ist, zeigt, dass der Gesetzgeber die Insolvenz subjektiv bewertet. Ohne Berücksichtigung der Insolvenzursachen erscheint der Schuldner dem Gesetzgeber, wie Gerhardt [298] feststellt, „dubios".

4. Die Durchbrechung des Formalisierungsprinzips im Insolvenzrecht

Die strenge Formalisierung der Eröffnungsvoraussetzungen des Insolvenzverfahrens lässt all dies zunächst nicht zu. Danach ist allein die formalisierte Eröffnung des Insolvenzverfahrens Anknüpfungspunkt für die oben geschilderten Maßnahmen, die wie gesehen noch heute bisweilen über den Zweck des Insolvenzverfahrens als Verfahren der Gläubigerbefriedigung hinausgehen.

Hierbei ist jedoch offensichtlich, dass der Zeitraum des Insolvenzverfahrens nicht dem Zeitraum der Insolvenz als wirtschaftlicher Zustandsbeschreibung entspricht. Die Insolvenz der natürlichen Person endet z. B. nicht, wenn ihr Insolvenzverfahren endet, zumal die Gläubiger typischerweise ohnehin nur eine geringe Quote erhalten.

Noch augenfälliger wird die materielle Insolvenz des Schuldners, wenn mangels Deckung der Verfahrenskosten die Insolvenz noch nicht einmal zur Eröffnung gelangt. Hier folgt der festgestellten materiellen Insolvenz keine formelle, weil es zur Verfahrenseröffnung eben nicht kommt. Gleiches gilt, wenn der Gesetzgeber – wie im Falle des Restrukturierungsgesetzes[299] – die Behandlung

298 Gerhardt FS Michaelis, S. 107.

299 Gesetz zur Restrukturierung und geordneten Abwicklung von Kreditinstituten, zur Errichtung eines Restrukturierungsfonds für Kreditinstitute und zur Verlängerung der Verjährungsfrist der aktienrechtlichen Organhaftung vom 09.12.2010, BGBl I 2010, 1900.

des Vermögensverfalls bestimmter Schuldner im öffentlichen Interesse aus dem Anwendungsbereich der InsO herausnimmt[300].

Jedoch knüpft auch die Insolvenzordnung selbst Rechtsfolgen an die nicht durch die Eröffnung des Insolvenzverfahrens festgestellte Insolvenz des Schuldners.

4.1 in den Vorschriften über die Anfechtung, insbes. § 139 Abs. 2 InsO

Am augenfälligsten wird dies in den ihrem System nach oben[301] bereits dargestellten Vorschriften über die Insolvenzanfechtung, §§ 129 ff. InsO.

Denn eine Reihe dieser Vorschriften knüpft daran an, ob anfechtungsrechtliche Vorgänge in einem kritischen Zeitraum erfolgt sind, der in einer Reihe von Fällen dadurch gekennzeichnet ist, dass der Schuldner in diesem Zeitraum *materiell insolvent* war.

Die anfechtungsrechtlichen Vorschriften haben den Zweck, den wegen der Formalisierung der Verfahrenseröffnung zunächst nur ab dem Zeitpunkt der Verfahrenseröffnung eingreifenden Grundsatz der Gläubigergleichbehandlung zeitlich in eine Phase vorzuverlagern, in der zwar kein Insolvenzverfahren eröffnet ist, der Schuldner aber zur Befriedigung seines Gläubigers außerstande war[302].

Denn es entspricht einem Erfahrungssatz, dass Gläubiger, die die wirtschaftlichen Verhältnisse des Schuldners besser kennen, als andere, bei sich abzeichnender Insolvenz um Befriedigung nachsuchen. Diese dem Individualvollstreckungsverfahren immanente Verwirklichung des Prioritätsprinzips wird in einem ausgewogenen System, das Vertrauensschutzgesichtspunkte, Anforderungen des Marktes und Interessen der übrigen Gläubiger berücksichtigt, für den Fall der späteren Eröffnung des Insolvenzverfahrens zwecks Verwirklichung der *par condicio creditorum* durch die §§ 129 ff. InsO rückabgewickelt. Dabei knüpfen die Anfechtungstatbestände der §§ 130 bis 132 InsO auf eine dem Insolvenzantrag vorangegangene Zahlungsunfähigkeit an, die im Streitfall festgestellt werden muss. Dies mag im Einzelfall mühsam sein, aber es ist möglich. Würde man hier anders verfahren und es bei der Anknüpfung an

300 Hierauf weist schon Weber in KTS 1959, 80 hin. Gerhardt verweist schon a. a. O. auf den Verzicht auf die Durchführung von Konkursverfahren bei Einrichtungen des Kreditgewerbes.

301 D. II.

302 Vgl. Uhlenbruck-Hirte, § 129 Rn. 1 f; Kirchhof FS Gerhardt, S. 448; HK-Kreft, § 129 Rn. 1; kritisch Thole, Gläubigerschutz, S. 280 ff.

den formellen Zeitpunkt der Verfahrenseröffnung belassen, könnte das Anfechtungsrecht seinen Zweck der Förderung der Gläubigergleichbehandlung nicht erfüllen. Es erfolgt der Verzicht auf den einfach feststellbaren formellen Zeitpunkt zur Erreichung des übergeordneten Ziels der Gläubigerbefriedigung.

Cum grano salis: der Formalismus tritt im Sinne der Gerechtigkeit zurück.

Für die Berechnung der Anfechtungsfristen und die Frist der sog. Rückschlagsperre gem. § 88 InsO stellt § 139 Abs. 2 ZPO auf den ersten zulässigen und begründeten Antrag ab, auch wenn das Verfahren auf Grund eines späteren Antrags eröffnet worden ist, § 139 Abs. 2 S. 1 InsO. Im Falle der rechtskräftigen Zurückweisung eines Insolvenzantrages gilt dies allerdings nur, wenn die Zurückweisung mangels einer die Kosten des Verfahrens deckenden Masse erfolgt ist, § 139 Abs. 2 S. 2 InsO.

Ziel ist eine möglichst weite Vorverlagerung der Anfechtungsfrist[303].

Literatur[304] und Rechtsprechung[305] betonen, dass es auf (pflichtwidrig) unterlassene Insolvenzanträge oder auch schuldhaft verzögerte Anträge aus Gründen der Rechtssicherheit und Rechtsklarheit im Rahmen des Anfechtungsrechts nicht ankommt. In seiner Entscheidung vom 10.02.2005[306] führt der BGH aus:

> *„Nach der insoweit gegenüber der Konkursordnung unveränderten gesetzlichen Konzeption stellen der Eingang des Insolvenzantrags und die Eröffnung des Verfahrens anfechtungsrechtliche Fixpunkte dar, die für die rechtliche Beurteilung generelle Gültigkeit unabhängig davon besitzen, ob Einleitung und Eröffnung des Verfahrens schuldhaft verzögert worden sind. An dieser von Rechtsprechung und Literatur bisher einheitlich vertretenen Auffassung, die zweifelfrei dem Willen des Gesetzgebers entspricht, ist auch aus Gründen der Rechtssicherheit und -klarheit festzuhalten“.*

§ 139 Abs. 2 InsO geht ausweislich der Begründung des Gesetzgebers von folgenden beiden Fallgestaltungen aus:

- Das Insolvenzverfahren wird unverzüglich aufgrund eines späteren Antrags eröffnet, weil dieser im Gegensatz zu den früheren Anträgen ohne weitere Ermittlungen entscheidungsreif ist[307].

---

303 Uhlenbruck-Hirte, § 139 Rn. 10.

304 Uhlenbruck-Hirte, § 139 Rn. 10.

305 BGH, Urt. v. 10.02.2005 – IX ZR 211/02 = NJW 2005, 1121.

306 BGH a. a. O.

307 Naheliegend z.B., wenn die Eröffnungsvoraussetzungen des zunächst gestellten Fremdantrages noch aufwendig ermittelt werden müssen, während der sodann gestellte Eigenantrag sofort entscheidungsreif ist, vgl. auch Andres/Leithaus, § 139 Rn. 4.

– Ein an sich zulässiger und begründeter Antrag ist allein mangels einer die Kosten des Verfahrens deckenden Masse zurückgewiesen worden. Das Verfahren wird dann aufgrund eines späteren Antrages doch noch eröffnet[308].

Es ist dann im Anfechtungsrechtsstreit Sache des klagenden Insolvenzverwalters, die Zulässigkeit und Begründetheit des Erstantrages darzulegen und zu beweisen[309]. Es erfolgt eine Inzidentprüfung[310]. Dass eine Rückbeziehung auf den früheren Antrag im Falle dessen Zurückweisung mangels Masse erfolgt, ergibt sich daraus, dass das Gericht in diesem Fall die Insolvenz inzident bereits bejaht hat[311].

Nicht geregelt ist, wie mit zurückgenommenen Anträgen zu verfahren ist. Auch ein solcher kann ursprünglich zulässig und begründet gewesen sein. Hier wird teilweise vertreten, dass ein solcher Antrag zur Anwendbarkeit des § 139 Abs. 2 InsO ausreiche[312], während andere die Anwendbarkeit ablehnen[313].

Ratio legis und gleichzeitig ungeschriebenes Tatbestandsmerkmal des § 139 Abs. 2 InsO ist, dass der Schuldner sich nach dem ersten zulässigen und begründeten Insolvenzantrag nicht mehr erholt hat, m. a. W. die wirtschaftliche Krise andauert[314]. Anderenfalls würde die Vorschrift den Anfechtungszeitraum ungeachtet der zwischenzeitlichen wirtschaftlichen Erholung u. U. auf vor Jahren einmal ursprünglich zulässige und begründete Insolvenzanträge erstrecken[315]. Daraus folgt auf der anderen Seite, dass bei einer einheitlichen

308 Nach der Vorstellung des Gesetzgebers, nachdem ein Kostenvorschuss eingezahlt worden ist, siehe Begr RegE zu § 156 InsO-E, Kübler/Prütting, Materialien, S. 355 zu § 156 InsO-E. Die Begründung wurde unverändert aus dem Ersten Diskussionsentwurf übernommen. Ebenso aber, wenn die Verfahrenskostendeckung sodann anders beurteilt wird, MünchKomm-Kirchhof, § 139 Rn. 12.

309 statt aller: Uhlenbruck/Hirte, § 139 Rn. 10.

310 Braun/Riggert, § 139 Rn. 9; K/P/B/Ehricke, § 139 Rn. 5.

311 OLG Schleswig, Urt. v. 03.11.2006 – 1 u 120/06 = ZInsO 2006, 1224 (1227); Braun/Riggert, § 139 Rn. 11.

312 Braun/Riggert, § 139 Rn. 12; OLG Celle, Urt. v. 14.09.2000 – 13 U 255/99 = InVo 2002, 54/55; L/S/Z/Zeuner, § 139 Rn. 11 ff.

313 HK-Kreft, § 139 Rn. 12. Noch anders OLG Brandenburg NZI 2003, 649;OLG Köln ZInsO 2004, 99.

314 BGH, VU v. 15.11.2007 – IX ZR 212/06 = NZI 2008, 184; Uhlenbruck/Hirte, § 139 Rn.12. Diese Ansicht vertrat der BGH schon zur GesO: BGH, Urt. V. 14.10.1999 – IX ZR 142/98 = NJW 2000, 211.

315 BGH ZInsO 2006, 1224 (1227); Henckel in: Kölner Schrift zur InsO, S. 813 (847).

Insolvenz auch eine Rückbeziehung der Anfechtungsfrist um Jahre in Betracht kommt[316].

Damit knüpfen die Anfechtungsvorschriften die Rechtsfolge der Rückbeziehung des Grundsatzes der Gläubigergleichbehandlung an einen vorinsolvenzlichen Zustand der materiellen Insolvenz an, wobei nur aus Gründen der Rechtssicherheit und Rechtsklarheit (aber eben nicht aus Gründen der Gerechtigkeit!) auf bestimmte vorangegangene Insolvenzanträge Bezug genommen wird.

Bereits der Streit um die Voraussetzungen der Anwendbarkeit des § 139 Abs. 2 InsO zeigt aber, dass für den hier interessierenden Problemkreis nicht unmittelbar auf diese Vorschrift rekurriert werden kann.

Allerdings ist bereits durch § 139 Abs. 2 InsO deutlich geworden, dass die anfechtungsrechtliche Berücksichtigung des Sachverhalts, der als „materielle Insolvenz" qualifiziert wird, positivrechtlich verankert ist.

4.2 § 14 Abs. 1 Satz 2 InsO

Doch auch außerhalb des Anfechtungsrechts spielt der Grundsatz der materiellen Insolvenz eine Rolle, wie die zum 01.01.2011 in Kraft getretene Neufassung des § 14 InsO durch das Haushaltsbegleitgesetz 2011[317] zeigt.

4.2.1 Regelungshintergrund

Der Gesetzgeber unternahm mehrere Anläufe einer Änderung des § 14 InsO.

Der Entwurf eines Gesetzes zum Pfändungsschutz der Altersvorsorge und zur Anpassung des Rechts der Insolvenzanfechtung (GEPARI) vom 09.03.2006 sah vor, dass vor, dass § 14 Abs. 1 S. 2 InsO dahingehend geändert wird, dass der Insolvenzantrag nicht dadurch unzulässig wird, dass der Schuldner nach Antragstellung die Forderung erfüllt. Ausweislich der Begründung des Gesetzes ging der Gesetzgeber davon aus, dass den Sozialversicherungsträgen p.a. 100 Mio. € an Verlusten im Wege der Insolvenzanfechtung entstehen und zwar mit zunehmender Tendenz. Es sei daher dafür Sorge zu tragen, das zügig Insolvenzverfahren eröffnet werden, da die Sozialversicherungsträger nur so verhindern könnten, dass weitere Forderungen und Leistungspflichten entstehen.

Einen weiteren Versuch startete der Gesetzgeber durch das Gesetz zur Entschuldung mittelloser Personen und zur Stärkung der Gläubigerrechte vom 5. 12. 2007 (GEPS).

---

316 BGH, VU v. 15.11.2007 – IX ZR 212/06 = ZIP 2008, 235 (236) (3 Jahre zwischen Erst- und Zweitantrag); Braun/Riggert, § 139 Rn. 13.

317 BGBl I, S. 885.

In Kraft getreten ist die Änderung schließlich durch das Haushaltsbegleitgestz 2011. Dabei erfolgte die Gesetzesänderung vor dem Hintergrund sogenannter „Stapelanträge“.

Damit hat es folgendes auf sich:

Voraussetzung eines zulässigen Gläubigerantrags ist u. a. das Bestehen einer Forderung. Häufig erfüllt der Schuldner aber unter dem Eindruck des Insolvenzantrages die Forderung. Damit wird der Antrag an sich unzulässig. In der Regel erklärt der Gläubiger den Antrag sodann für erledigt, um eine Abweisung des Antrages mit einer für ihn nachteiligen Kostenentscheidung zu vermeiden. In einer Vielzahl von Fällen kommt es zu Folgeanträgen, insbesondere zu Lasten der „Zwangsgläubiger“ wie Finanzamt und Sozialversicherungsträger. Die Neuregelung möchte nach der Vorstellung des Gesetzgebers dazu beitragen, die wirtschaftliche Tätigkeit insolventer Unternehmen zu unterbinden. Sie will insbesondere Finanzämter und Krankenkassen vor Einnahmeverlusten schützen und Kettenanträge vermeiden.

Frühzeitige Verfahrenseröffnungen mit werthaltigen Massen sollen ermöglicht werden.

4.2.2 Regelungsinhalt

Nach § 14 Abs. 1 S. 2 InsO wird ein Insolvenzantrag nicht allein dadurch unzulässig, dass die dem Antrag zugrundeliegende Forderung erfüllt wird, wenn binnen zwei Jahren zuvor bereits ein Antrag gestellt worden ist, der nicht zur Verfahrenseröffnung führte bzw. der zur Verfahrenseröffnung führte, wenn das Verfahren kurzfristig wieder eingestellt wurde[318].

Ungeschriebenes Tatbestandsmerkmal ist die Erledigung des vorausgegangenen Antrags durch eigene Zahlung, Zahlung eines Dritten, Aufrechnung oder die Überholung in sonstiger Art und Weise[319]. Ferner muss, da ansonsten jeder auch unzulässige Vorderantrag ausreichen würde, der vorangegangene Antrag mindestens zulässig gewesen sein[320].

Es kommt dann für den Fall der Feststellung der Insolvenzreife – also der materiellen Insolvenz! – und der Verfahrenskostendeckung zur Eröffnung eines

---

318 Gundlach/Rautmann NZI 2011, 315.

319 Nerlich/Römermann-Mönning, § 14 Rn. 84. Darunter fällt auch die Zurückweisung mangels einer die Kosten des Verfahrens deckenden Masse: Pape ZInsO 2011, 2154; HambKomm-Wehr, § 14 Rn. 70; a. A.: AG Göttingen, B. v. 14.07.2011 – 74 IN 106/11 = ZInsO 2011, 1515.

320 HambKomm-Wehr, § 14 Rn. 66.

Insolvenzverfahrens aufgrund des Antrages eines Gläubigers, dessen Forderung nicht mehr besteht.

Gleichwohl ist dies kein inquisitorisches Verfahren. Denn die Zulässigkeit des Gläubigerantrages setzt ein Rechtsschutzinteresse voraus, dass sich nicht aus allgemeinen ordnungspolitischen Erwägungen ergibt oder dem angeblichen Gesamtinteresse der Gläubigerschaft, krisengefährdete Unternehmen vom Markt zu nehmen. Daher wird man wenigstens fordern müssen, dass der antragstellende Gläubiger von einem Weiterwirtschaften des Schuldners betroffen wäre, was im Übrigen aufgrund des „Kontrahierungszwangs" in der Regel nur bei dem Fiskus und Sozialversicherungsträgern der Fall sein dürfte.

4.2.3 Wertung

Im Falle des § 14 Abs. 1 S. 2 InsO ist formeller Anknüpfungspunkt für die Verfahrenseröffnung der zulässige Antrag eines Gläubigers. Dennoch ist das Verfahren nicht inquisitorisch. Denn abgesehen davon, dass ein besonderes Rechtsschutzinteresse des Gläubigers an der Verfahrenseröffnung gegeben sein muss, wenn seine Forderung nach Antragstellung zur Erledigung kommt, ist die Insolvenzreife des Schuldners positiv festzustellen. Die Voraussetzungen der Verfahrenseröffnung unterscheiden sich vom Normalfall nur insoweit, als auf das Bestehen der Forderung des Antragstellers *im Eröffnungszeitpunkt* verzichtet wird, weil die Insolvenzreife des Schuldners in einem *vorangegangenen Zeitraum* bereits einmal vorgelegen hat und auch damals ein zulässiger Insolvenzantrag gestellt worden war. Im Rahmen der Eröffnungsvoraussetzungen wird damit auf einen zurückliegenden Umstand, nämlich auf eine vorangegangene materielle Insolvenz Bezug genommen, die prozessual an sich bedeutungslos wäre.

Auch hier knüpft der Gesetzgeber also an die materielle Insolvenz Rechtsfolgen und zwar ganz Einschneidende.

5. Zwischenergebnis

Die vorstehenden Erwägungen haben gezeigt:

Wenngleich die Insolvenzordnung das Verfahren über den Eröffnungsantrag und die Verfahrenseröffnung selbst streng formalisiert, kennt die Insolvenzordnung zahlreiche Einfallstore, in der ungeachtet der Zeitpunktbezogenheit der Eröffnung des Insolvenzverfahrens Gesichtspunkte der materiellen Insolvenz in das Insolvenzverfahren einfließen.

Dabei dient die Anknüpfung der einschneidenden Wirkungen des Insolvenzverfahrens auf einen fest definierten Eröffnungszeitpunkt, einen Fixpunkt, der Rechtssicherheit und –klarheit des Rechtsverkehrs, hat aber keinen darüber hinausgehenden Erklärungswert.

V. Die materielle Insolvenz als Maßstab einer Beschränkung der Anfechtbarkeit

Wenn der Begriff der materiellen Insolvenz nicht alleine einen wirtschaftlichen Tatbestand beschreibt, sondern sich u. a. für § 139 InsO dahingehend als relevanter Zeitraum erwiesen hat, dass die Anknüpfung der Anfechtbarkeit auf Rechtshandlungen vor dem Erstantrag erfolgt, scheint sich daraus bei flüchtiger Betrachtung der scheinbar zwingende Schluss zu ergeben, dass dies dann doch erst recht für die Vergütung des vorläufigen Insolvenzverwalters zu gelten hat.

Eine solche Betrachtung, wie sie wohl der Entscheidung des 15.12.2011 immanent ist, wäre bestechend.

Es fragt sich jedoch, ob nicht die materielle Insolvenz die Rechtfertigung dafür ist, dass die Vergütung des vorläufigen Insolvenzverwalters unter §§ 54 f. InsO zu subsumieren (und damit der Anfechtung zu entziehen) ist, weil die erste vorläufige Verwaltung und damit die mit ihr entstandenen Kosten Teil eines einheitlichen Ablaufs sind[321].

Nun weist der Bundesgerichthof non chalant darauf hin, die Kosten der vorangegangen vorläufigen Verwaltung seien keine Kosten des später eröffneten Insolvenzverfahrens i. S. d. § 54 InsO.

Dieses Argument rechtfertigt sich allerdings allein aus der formellen Trennung der beiden Antragsverfahren und lässt die vorerwähnten Gesichtspunkte der materiellen Insolvenz außen vor.

Grund genug, sich mit Inhalt und Reichweite des § 54 InsO und seiner Vorgängerregelungen innerhalb der KO eingehender zu beschäftigen.

1. Verfahrenskosten nach Konkursordnung 1877

1.1 Grundlagen der Sequestration nach KO

Die Konkursordnung von 1877 kannte bekanntlich keine den Regelungen der InsO vergleichbaren Regelungen über den vorläufigen Insolvenzverwalter, was

321 Grundsätzlich zur materiellen Insolvenz: Haarmeyer ZInsO 2009, 1273 ff.

vor allem deshalb verständlich ist, da sie in großen Teilen auf der Preußischen Konkursordnung von 1855 beruhte, die ein Eröffnungsverfahren im heute so verstandenen Sinne nicht kannte[322].

Praxis und Rechtsprechung leiteten aus § 106 Abs. 1 S. 2 KO bzw. für den Bereich der GesO aus § 2 Abs. 3 (wonach das Gericht alle zur Sicherung der Masse dienenden einstweiligen Anordnung treffen kann) die Zulässigkeit einer vorläufigen Sicherung des schuldnerischen Vermögens in Form der Sequestration ab, einen gesetzlich z. B. in §§ 848, 855, 938 Abs. 2 ZPO verwandten Begriff. Dabei unterschied der Bundesgerichtshof zunächst noch stark zwischen den Aufgaben des Sequesters und denjenigen des Konkursverwalters und lehnte eine überwiegend nur quantitative Unterscheidung ab, indem er u. a. den Bestrebungen, durch eine möglichst umfassend und systematische Arbeit des Sequesters für eine Mehrung der späteren Masse zu sorgen, eine Absage erteilte.

Er verstand im Gegensatz zu den Bestrebungen im Schrifttum den Sequester als den Bewahrer des *status quo*, dessen Aufgabe es war, die vorgefundene Masse bis zur Verfahrenseröffnung zu erhalten[323], während instanzgerichtliche Rechtsprechung und ein Großteil der Literatur einen Sequestrationsbegriff vertraten, der dazu beitragen sollte, den längst erkannten „Konkurs des Konkurses" zu überwinden und durch eine analytische Ermittlungsarbeit bereits im Vorverfahren die Eröffnungsquote der Konkursverfahren zu erhöhen[324] und die daher von Fall zu Fall den Umfang seiner Befugnisse variabel gestalten wollten.

1.2 Kosten der Sequestration nach KO

Bis zum Inkrafttreten der Insolvenzordnung blieb es jedoch dabei, dass die Sequestration eine Entwicklung der Rechtsprechung und der Literatur blieb. Eine gesetzliche Normierung der jahrzehntelangen Entwicklungen erfolgte nicht, so dass in § 58 KO, der die Massekosten definierte, von den Kosten der Sequestration denknotwendig nicht die Rede sein konnte.

322 Thiemann, S. 45.

323 Grundlegend BGHZ 35, 13 (17), BGHZ 86, 190 (195); BGHZ 97, 87; BGH, B. v. 25.03.1993 – IX ZR 164/93 = ZIP 1993, 687.

324 Grundlegend: Castendiek,1968, S. 27; Gerhardt ZIP 1982, 1; Kilger FS KO, 189 (193); Pape ZIP 1994, 89. Siehe auch die Entscheidung des BFH vom 13.03.1997 – V R 96/96 = BFHE 182, 426, der einen dynamischen Sequesterbegriff vertritt. Zu den Entwicklungen und zur Unterscheidung zwischen der rein statischen Sicherungssequestration und der dynamischen Verwaltungssequestration insbesondere MünchKomm-Haarmeyer, § 22 Rn. 5 ff.

Nachdem sich jedoch in Folge der anhaltenden Diskussion, insbesondere nach dem II. Weltkrieg im Rahmen der bereits genannten Diskussion über den „Konkurs des Konkurses", der Fokus auf die Ermittlungsarbeit des Gutachters und des Sequesters als den zentralen Organen des Eröffnungsverfahrens verlagerte, war es allgemeine Meinung, die Kosten des Sequesters als Kosten der Verwaltung, Verwertung und Verteilung der Masse i. S. d. § 58 Nr. 2 KO zu subsumieren. Es war daher auch allgemeine Meinung, dass dann, wenn auf einen Konkursantrag hin ein Sequester eingesetzt wird, seine Vergütung einen Bestandteil der Massekosten des später antragsgemäß eröffneten Konkursverfahrens bildet, da die im Eröffnungsverfahren entstandene Sequestervergütung den Ausgaben für die Verwaltung der Masse zuzurechnen ist[325].

Nach einer Entscheidung des LG Hamburg aus dem Jahr 1991 sollte dies sogar dann gelten, wenn das den Sequester bestellende Gericht wegen örtlicher Unzuständigkeit den Konkursantrag abweist und das Konkursverfahren auf einen erneuten inhaltsgleichen Antrag durch das örtlich zuständige Gericht eröffnet wird[326].

Ebenso subsumierte der BGH die Kosten des vorläufigen Insolvenzverwalters und des Vergleichsverwalters gem. §§ 105, 102 Abs. 2 VerglO unter die Massekosten, wenn es nach einem Vergleichsverfahren zu einem Anschlusskonkursverfahren kam, während dies im Falle eines selbständigen Konkursverfahrens wegen der generellen Unanwendbarkeit der §§ 103 bis 107 VerglO nach Meinung des BGH eher nicht gelten solle[327]. Jedenfalls für den Fall, dass das Eröffnungsverfahren nicht zur Eröffnung des Konkurses führt und es aufgrund eines davon unabhängigen Konkursantrages später zur Eröffnung eines Konkursverfahrens kommt, lehnte der BGH die Subsumtion unter die Massekosten ab[328].

§ 58 Nr. 2 KO beschränke sich – so die unter Geltung der Konkursordnung allgemeine Meinung – auf die im *gleichen Verfahren* entstandenen Kosten. Da diese Vorschrift eine Festsetzung der Vergütung durch das Konkursgericht gem.

---

325 BGH, B. v. 09.10.2008 – IZ ZR 168/07 = NZI 2009, 53; Kuhn/Uhlenbruck, § 58 Rn. 8a, § 106 Rn. 22g; Kilger/Schmidt, § 38 KO Anm. 3a, § 106 Anm. 4.

326 LG Hamburg, Urt. v. 13.02.1990 – 9 S 150/89 = ZIP 1991, 116; AG Hamburg-Altona, Urt. v. 20.01.1989 – 319b C 654/88 = ZIP 1989, 458 (459).

327 Im Ergebnis offenlassend in BGHZ 59, 356 (361); BGHZ 109, 321 (323 f.); ablehnend Kilger/Schmidt, § 105 VerglO Anm, 3, Bley/Mohrbutter, VerglO, § 105 Rn. 5; a. A. LG Hamburg a. a. O; AG Hamburg-Altona a. a. O; jeweils für den Fall, dass das Konkursverfahren auf „derselben Zahlungsunfähigkeit" beruhe.

328 BGH, B. v. 09.10.2008 – IX ZR 168/07 = NZI 2009, 53.

§ 85 KO voraussetzte, würden die in einem anderen Verfahren von einem anderen Konkursgericht festgesetzten Beträge nicht erfasst. Daran ändere auch der an ein übergreifendes Konkursereignis anknüpfende Gesichtspunkt der materiellen Verfahrenseinheit nichts[329]. Denn ein dieser Bewertung entsprechender allgemeiner Grundsatz der Vorwegdeckung der den Interessen der Gläubiger dienenden Verwaltung aus dem verwalteten Vermögen sei der KO fremd; diese Meinung führe zu einer mit dem Gesetz nicht zu vereinbarenden unzulässigen Vorwegbefriedigung des ehemaligen vorläufigen Insolvenzverwalters als Altgläubiger[330].

2. Rechtslage nach InsO

2.1 Ausgangspunkt

Seit Inkrafttreten der Insolvenzordnung ist weitestgehend unstreitig, dass der Begriff der Vergütung und Auslagen des vorläufigen Insolvenzverwalters i. S. d. § 54 Nr. 2 InsO nur die Vergütung und Auslagen desjenigen vorläufigen Insolvenzverwalters umfasst, der in dem Eröffnungsverfahren bestellt wurde, das schließlich auch zur Eröffnung des Insolvenzverfahrens führte, nicht jedoch die Vergütung und Auslagen aus früheren, nicht zur Eröffnung gelangenden, Eröffnungsverfahren[331].

2.2 Argumente des Bundesgerichtshofs

Der Bundesgerichtshof[332] beruft sich dabei im Wesentlichen auf die Gesetzgebungsgeschichte des auf § 63 RegE-InsO beruhenden § 54 InsO.

Der Entwurf enthielt zunächst einen zweiten Absatz, der normierte, dass die Kosten, die durch die Bestellung eines vorläufigen Insolvenzverwalters entstanden sind, nach Eröffnung des Verfahrens als Teil der Verfahrenskosten gelten.

---

329 So jedoch Ries in ZInsO 2005, 414 (415) und ZInsO 2007, 1102 (1104)

330 hierzu auch BAG, Urt. v. 29.11.1990 – 2 AZR 312/90 = ZIP 1991, 381 (382). Die Behauptung des BAG ist jedoch eine reine *petitio principii*, denn es war ja gerade zu entscheiden, ob die Vergütungsansprüche des ehemaligen Verwalters zu den Massekosten gehören oder er – damit unvereinbar – Altgläubiger ist.

331 BGH, Urt. v. 13.12.2007 – IX ZR 196/06 = NZI 2008, 170; BGH, Urt. v. 20.11.2001 – IX ZR 48/01 = NZI 2002, 91; BGH, B. v. 09.10.2008 – IX ZR 168/07 = NZI 2009, 53; Uhlenbruck/Uhlenbruck, § 54 Rn. 24.

332 BGH, Urt. v. 13.12.2007 – IX ZR 196/06 = NJW 2008, 583.

Auf Vorschlag des Rechtsausschusses wurde sodann § 63 Abs. 2 RegE-InsO in Abs. 1 Nr. 2 des § 54 InsO einbezogen, ohne dass damit eine inhaltliche Änderung bewirkt werden sollte[333].

Der Bundesgerichtshof wendet ferner ein, dass es gar nicht anders sein könne, da ansonsten wegen § 26 InsO Insolvenzverfahren nicht eröffnet werden dürften, wenn nicht auch die Kosten früherer Verfahren gedeckt sind[334], dass im Falle der Masseunzulänglichkeit wegen § 209 Abs. 1 Nr. 1 InsO auch die Kosten früherer Verfahren gedeckt sein müssten und dass im Falle der Verfahrenskostenstundung in Verfahren natürlicher Personen auch die Kosten früherer vorläufiger Insolvenzverwaltungen durch die Staatskasse (einstweilen) übernommen werden müssten. Dies könne offensichtlich nicht sein.

§ 54 InsO umfasse daher nicht die Kosten früherer vorläufiger Insolvenzverwaltungen[335].

3. Stellungnahme

Die vorläufige Insolvenzverwaltung dient der Sicherung der künftigen Insolvenzmasse gegen Verminderungen durch Schuldner oder Gläubiger bis zur Entscheidung des Gerichts über die Eröffnung des Insolvenzverfahrens. Sie hat also primär einen Sicherungscharakter[336]. Unterbunden werden soll eine sich zu Lasten der Befriedigungsaussichten der Gläubiger auswirkende Vermögensminderung. Die vorläufige Insolvenzverwaltung ist der erste wichtige Schritt zur Vorbereitung der Durchsetzung der *par condicio creditorum.*

Dieser Grundsatz und die durch die Insolvenzrechtsreform intendierte Erhöhung der Eröffnungszahl von Insolvenzverfahren würde in der Tat konterkariert, wenn die Haftungsmasse zu Lasten der Gläubigergesamtheit durch die Einordnung der Kosten früherer Insolvenzverwaltungen als Verfahrenskosten i. S. d. § 54 InsO reduziert werden würde.

Dass die Insolvenzmasse und damit die Gläubiger des eröffneten Verfahrens die Kosten der vorläufigen Verwaltung im zur Eröffnung gelangten Verfahren zu tragen haben, ergibt sich zwangslos daraus, dass durch diese Sicherungsmaßnahme erreicht werden soll, dass im Zeitpunkt der Verfahrenseröffnung die

333 BT-Drs. 12/7302 S. 161.

334 BGH, Urt. v. 15.12.2011 – IX ZR 118/11 = NZI 2012, 135.

335 BGH a. a. O: *„Dass dies nicht gemeint sein kann, ist offensichtlich. Gedeckt sein müssen nur die Kosten des konkret durchgeführten Verfahrens“.*

336 Vallender DZwiR 1999, 265.

Haftungsmasse vorhanden ist, die vorhanden wäre, wenn sogleich nach Vorliegen eines zulässigen Insolvenzantrages über die Verfahrenseröffnung entschieden werden würde. In *ihrem* Interesse wird das Verfahren eröffnet, es ist daher auch gerechtfertigt, wenn *sie* vorbereitende Kosten zu tragen haben.

Es ist jedoch nicht ohne weiteres einzusehen, warum sie die Kosten jeglicher, vielleicht also auch mehrerer, früherer vorläufiger Insolvenzverwaltungen tragen sollten, die ex post betrachtet eben gerade kein erfolgreicher erster Schritt zur Durchsetzung der *par condicio creditorum* waren und möglicherweise zu einem Zeitpunkt initiiert worden waren, als sie die Stellung als Gläubiger möglicherweise noch nicht innehatten, zumal sich die Zusammensetzung der Gläubiger zwischen dem vorangegangen und dem zur Eröffnung führenden Antrag völlig verändert haben kann.

Man denke nur daran, dass die erste vorläufige Verwaltung von verschiedenen Sozialversicherungsträgern gestellt worden wären, die der Schuldner dann, weil ihm besonders lästig, bezahlt hat, während er die nicht minder vorhandenen nicht öffentlich-rechtlichen Gläubiger nicht bezahlt hat. Im Zweitverfahren bleiben dann nur diese privaten Gläubiger über. In deren Interesse war die vorangegangene vorläufige Verwaltung gerade nicht, in deren Rahmen es zur Befriedigung der öffentlich-rechtlichen Gläubiger mit der Folge einer Reduzierung der Haftungsmasse im Folgeverfahren kam. Diese dann vorbehaltlich einer Anfechtbarkeit nach §§ 129 ff. InsO reduzierte Masse würde dann erneut reduziert, bevor sie nach Abzug der Kosten des eröffneten Verfahrens zur Gläubigerbefriedigung zur Verfügung steht. Dies ist nicht einzusehen.

Beispiel 1:[337]

Im Erstverfahren hat der Schuldner 5 Gläubiger mit Gesamtforderungen von 10 T€, die Masse beträgt 5 T€. Die Forderung des antragstellenden Gläubigers 1 beträgt 3 T€. Der Schuldner befriedigt diese, nicht aber die anderen. Der antragstellende Gläubiger erklärt seinen Antrag für erledigt. Es verbleiben Verbindlichkeiten von 7 T€ und ein Vermögen von 2T€. Der Vergütungsanspruch des vorläufigen Insolvenzverwalters beträgt 2T€, wird aber nicht mehr befriedigt.

Nunmehr beantragt Gläubiger 2 mit einer Forderung von 4 T€ die Eröffnung des Insolvenzverfahrens. Die Kosten des Insolvenzverwalters in diesem Zweitverfahren betrüge jetzt rd. 1 T€ (Mindestvergütung). Von der Masse von dann noch 1T€ wären noch die Gerichtskosten zu zahlen, der Rest stünde zur quotalen Gläubigerbefriedigung zur Verfügung. Der Insolvenzverwalter könnte die Masse ggf. mehren durch Anfechtung der Zahlung an den Gläubiger des Erstverfahrens.

337 Aus Darstellungsgründen wird nur auf die Vergütung des (vorläufigen) Insolvenzverwalters abgestellt, die Gerichtskosten werden nicht in Ansatz gebracht.

Wäre die unbezahlte vorläufige Vergütung aus dem Erstverfahren Bestandteil der Massekosten des Zweitverfahrens, käme das Insolvenzverfahren überhaupt nicht zur Eröffnung. Der Antrag würde mangels Masse abgelehnt werden.

Beispiel 2:

Erstverfahren wie im Ausgangsfall. Es sind also Verbindlichkeiten von 7 T€ und ein Vermögen von 2 T€ vorhanden. Der Vergütungsanspruch des vorläufigen Insolvenzverwalters beträgt 2 T€, wird aber nicht mehr befriedigt.

Nunmehr kommen Gläubiger 6–10 mit Forderungen von insgesamt 10 T€ neu hinzu. Die Gesamtverbindlichkeiten betragen jetzt 17 T€. Ferner mehrt sich die Masse um weitere 5 T€ auf nunmehr 7 T€.

Nunmehr beantragt Gläubiger 2 mit einer Forderung von 4 T€ die Eröffnung des Insolvenzverfahrens. Das Verfahren wird eröffnet. Die Kosten des InsolvenzInsolvenzverwalters in diesem Zweitverfahren betrügen jetzt rd. 3 T€. Zu verteilen wären 4.000 € auf Insolvenzforderungen von 17 T€, die Quote betrüge rd. 24%. Rechnete man jetzt noch die Kosten der vorläufigen Verwaltung des Erstverfahrens von 2 T€ hinzu, wären 2 T€ auf Insolvenzforderungen von 17 T€ zu verteilen, die Quote betrüge rd. 12%. Die Quote halbiert sich also. Für die neu hinzugekommenen Gläubiger 6–10 wäre dies schlicht unverständlich. Als sie Gläubiger wurden, war die Tätigkeit des vorläufigen Insolvenzverwalters des Erstverfahrens bereits beendet.

Es ist daher richtig, wenn allgemein davon ausgegangen wird, dass § 54 InsO die Kosten früherer vorläufiger Insolvenzverwaltungen, an die sich nicht unmittelbar aufgrund des gleichen Antrages die Verfahrenseröffnung anschließt, nicht umfasst.

Eine solche Lösung wäre einfach und aus Sicht des um seine Vergütung fürchtenden vorläufigen Verwalters des ersten Verfahrens wünschenswert. Sie ist aber nicht praktikabel, da sie zwangsläufig Eröffnungsquoten senkt und mangels notwendiger Deckungsgleichheit der Gläubiger im Erst- und Zweitverfahren nicht gerecht ist.

Lösungen können bestechend einfach und praktikabel sein, aber über das Ziel hinausschießen und damit nicht gerecht sein.

Das zeigt sich sinnfällig an der Diskussion einer Übernahme des US-amerikanischen Prinzips der *substantive consolidation* im Rahmen der Bemühungen um ein Konzerninsolvenzrecht auf nationaler Ebene.

Natürlich ist es gegenüber der Koordination verschiedener Verwalter *einfacher*, die Massen konzernverbundener Unternehmen zusammenzufassen, um diese durch einen einzigen Verwalter an die ebenfalls zusammengefassten Gläubiger zu verteilen.

Es ist aber nicht *gerecht*, weil es immer zu Lasten derjenigen geht, die Gläubiger einer wirtschaftlich weniger schlecht dastehenden Konzernunternehmung sind.

4. Subsumtion der Kosten der früheren vorläufigen Verwaltung als Masseverbindlichkeit i. S. d. 55 InsO

Wenn nun aber feststeht, dass es nicht opportun ist, die Kosten einer früheren vorläufigen Insolvenzverwaltung der Anfechtung zu entziehen, indem man sie unter die Verfahrenskosten i. S. d. § 54 InsO subsumiert, so steht doch fest, dass es aus Gründen einer ansonsten zwangsläufigen Verkennung der Ausstrahlungswirkung des Grundrechts aus Art. 12 Abs. 1 GG geboten ist, die Vergütung des vorläufigen Insolvenzverwalters der Anfechtung zu entziehen.

Nun scheidet als Korrektiv aber, wie ebenfalls gesehen, auch das Bargeschäftsprivileg des § 142 InsO aus.

Es bliebe die Möglichkeit einer Subsumtion unter die Masseverbindlichkeiten i. S. d.§ 55 InsO.

4.1 Vorbemerkung

Nach § 53 InsO sind aus der Insolvenzmasse die Kosten des Insolvenzverfahrens und die sonstigen Masseverbindlichkeiten vorweg zu befriedigen. Die Kosten des Insolvenzverfahrens sind damit Masseverbindlichkeiten, von diesen aber trennscharf abgegrenzt, da in § 54 InsO separat geregelt. Die sonstigen Masseverbindlichkeiten sind, ohne dass das Gesetz sie definieren würde, in § 55 InsO genannt. Gemein ist Ihnen überwiegend der Zweck: sie dienen *zumeist* der ordnungsgemäßen Verfahrensabwicklung und Verteilung der Masse.

Der Kreis der als Masseverbindlichkeiten zu befriedigenden Masseschulden war unter Geltung der Konkursordnung mehr und mehr ausgedehnt worden, u. a. durch die Einstufung der rückständigen Ansprüche der Arbeitnehmer und Sozialversicherungsträger für die letzten 6 Monate vor Verfahrenseröffnung als (unechte) Masseschulden nach § 59 Abs. 1 Nr. 3 KO. Dadurch verringerte sich die Aussicht der Konkursgläubiger auf Zahlung einer Quote erheblich.

Es war erklärtes Ziel der Insolvenzrechtsreform, diese Entwicklung einzudämmen. Der Gesetzgeber der Insolvenzordnung strich daher Konkursvorrechte und übernahm die sog. unechten Masseverbindlichkeiten nicht in die Insolvenzordnung[338], oktroyierte Masseverbindlichkeiten wurden reduziert, Ansprüche aus

338 Allerdings mit Ausnahmen: Ansprüche nach § 123 Abs. 2 S. 1 InsO sind Masseverbindlichkeiten, aber vor Verfahrenseröffnung begründet, wobei die Bedeutung dieser inkonsequenten Besserstellung wegen der Regelung über die Begrenzung des Sozialplanvolumens nach § 123 Abs. 2 S. 2 InsO nur von geringer Bedeutung ist.

vom Schuldner abgeschlossenen, nach Verfahrenseröffnung aber fortbestehenden, Dauerschuldverhältnissen wurden in ihrem Masseschuldcharakter durch die Regelungen der §§ 113, 109 Abs. 1 S. 1 InsO begrenzt.

4.2 Regelung des § 55 Abs. 2 InsO

Ein weiteres gesetzgeberisches Anliegen war die Stärkung des Vertrauens des Rechtsverkehrs in die rechtsgeschäftlichen Handlungen des Insolvenzverwalters. Seine Handlungs- und Einsatzfähigkeit vor allem zu Zwecken der Unternehmensfortführung sollte gestärkt werden. Daher wurde geregelt, dass die im Eröffnungsverfahren vom vorläufigen Insolvenzverwalter begründeten Verbindlichkeiten nach § 55 Abs. 2 InsO im späteren Insolvenzverfahren als Masseverbindlichkeiten gelten sollten. Er erhielt dadurch im Gegensatz zum früheren Recht die Möglichkeit, Masseschulden zu begründen. Dadurch sollte erreicht werden, dass sich Vertragspartner des vorläufigen Insolvenzverwalters darauf verlassen können, dass deren im Eröffnungsverfahren begründete aber nicht bezahlte Verbindlichkeiten im eröffneten Verfahren bezahlt werden können. Der Gesetzgeber hat die Regelung allerdings auf die Fälle des Übergangs der Verwaltungs- und Verfügungsbefugnis auf den vorläufigen Insolvenzverwalter gem. § 22 Abs. 1 S. 1 InsO beschränkt.

Wegen der damit verbundenen Belastung der künftigen Masse mit Masseverbindlichkeiten, die im Gegensatz zu den gesetzgeberischen Bemühungen der Eindämmung der Belastung der Masse mit diesen stand und wegen der erheblichen Haftungsproblematik für den vorläufigen Insolvenzverwalter nach § 61 InsO macht die Praxis von dieser Art der vorläufigen Verwaltung allerdings nur zurückhaltend Gebrauch. Entwicklungen der Rechtsprechung wie die Möglichkeit der Ergänzung der sog. schwachen vorläufigen Insolvenzverwaltung um sog. Einzelermächtigungen[339] sind die Reaktion auf eine im Hinblick auf die Belastung der künftigen Masse mit Masseverbindlichkeiten über das gesetzgeberische Anliegen der Erleichterung von Unternehmensfortführungen hinausschießende gesetzgeberische Regelung.

§ 55 Abs. 2 InsO ist die zentrale Vorschrift, die im Eröffnungsverfahren begründete Verbindlichkeiten in dem aufgrund des gleichen Antrages eröffneten Insolvenzverfahren in den Rang von Masseverbindlichkeiten erhebt. Diese Vorschrift setzt aber bereits nach ihrem eindeutigen Wortlaut voraus, dass die Verwaltungs- und Verfügungsbefugnis auf den vorläufigen Insolvenzverwalter übergegangen

339 Hierzu Horstkotte/Martini, ZInsO 2010, 750 ff.; Laroche NZI 2010, 965 ff.

ist. Die entsprechende Anwendbarkeit auf den sog. schwachen vorläufigen Insolvenzverwalter wird bereits daher allgemein abgelehnt[340].

In einem Urteil vom 18.07.2002[341] hat der Bundesgerichtshof die analoge Anwendbarkeit des § 55 Abs. 2 InsO auf den (sog.) schwachen vorläufigen Insolvenzverwalter mit eingehender Begründung abgelehnt.

Der Senat bezieht sich zunächst auf den Wortlaut des § 55 Abs. 2 InsO, der ausdrücklich den Übergang der Verwaltungs- und Verfügungsbefugnis auf den vorläufigen Insolvenzverwalter verlange.

Sodann argumentiert er mit der Entstehungsgeschichte und dem Zweck der Norm. Unter Geltung des § 106 Abs. 2, 3 KO habe es ständiger Rechtsprechung entsprochen, dass der während der während des Eröffnungsverfahrens bestellte Sequester keine Masseschulden begründen konnte[342], da er die gleichmäßige Befriedigung aller Konkursgläubiger im späteren Konkursverfahren nicht beeinträchtigen durfte. Eine Besserstellung einzelner Gläubiger im Eröffnungsverfahren war nicht vorgesehen. Die Kommission für Insolvenzrecht habe dann – hierauf verweist der BGH – vorgeschlagen, Verbindlichkeiten aus Rechtshandlungen eines mit einem allgemeinen Verfügungsverbot bestellten vorläufigen Insolvenzverwalters durch die Eröffnung des Verfahrens zu Masseschulden werden zu lassen. Für den (sog.) schwachen vorläufigen Insolvenzverwalter sei dies ausdrücklich ausgeschlossen worden[343]. Der Gesetzgeber habe nur den Fall des vorläufigen Insolvenzverwalters mit begleitendem Übergang der Verwaltungs- und Verfügungsbefugnis ausdrücklich geregelt; an diesen knüpfe § 55 Abs. 2 InsO die Schutzbedürftigkeit des Vertragspartners an.

Im Übrigen sei die Ausgestaltung der vorläufigen Insolvenzverwaltung Sache des Insolvenzgerichts im Einzelfall, daher könne sich das Vertrauen des Vertragspartners auch nur auf eine solche Einzelanordnung beziehen. Auch der Umstand, dass die Gerichte sehr viel häufiger schwache als starke vorläufige Insolvenzverwaltungen anordneten, sei kein Grund für eine analoge Anwendbarkeit. Hinzukomme, dass sich der Vertragspartner im Wege des Bargeschäfts, § 142 InsO, schützen könne.

Für den hier interessierenden Fall der Subsumtion der Vergütung und Auslagen des vorläufigen Insolvenzverwalters überzeugt jedoch alleine das Wortlautargument,

---

340 BGH, Urt. v. 18.07.2002 – IX ZR 195/01 = ZIP 2002, 1625; OLG Frankfurt a. M., Urt. v. 29.01.2001 – 5 U 170/00 = ZInsO 2002, 1208; OLG Köln, Urt. v. 29.06.2001 – 19 U 199/00 = ZIP 2001, 1422; LAG Frankfurt a. M., Urt. v. 06.02.2001 – 4 Sa 1583/00 = ZInsO 2001, 562; LG Leipzig , Urt. v. 25.04.2001 – IV ZR 305/00 =ZIP 2001, 1778; Onusseit in: Kölner Schrift zur Insolvenzordnung, S. 1779 (1789); Maus ZIP 2000, 339 (340); Jaffé/Helert ZIP 1999, 1204 (1205 ff.); Nerlich/Römermann-Andres, § 55 Rn. 130; FK-Bornemann, § 55 Rn. 37a.

341 Az. IX ZR 195/01.

342 BGHZ 97, 87.

343 Was zutrifft; die gesetzgeberischen Erwägungen ergeben sich ausdrücklich aus LS 1.2.3 IX i. V. m. IV des Ersten Berichts der Kommission für Insolvenzrecht.

während das weitere Argument des Bundesgerichtshofs, der Gläubiger könne sich im Wege des Bargeschäfts gegen den Ausfall seiner Forderung sichern, für den vorläufigen Insolvenzverwalter – wie gezeigt – gerade nicht überzeugt[344].

Selbst wenn man die von einem vorläufigen schwachen Insolvenzverwalter begründeten Verbindlichkeiten unter § 55 Abs. 2 InsO subsumierte, bedeutete die Subsumtion der Vergütung und Auslagen des schwachen vorläufigen Insolvenzverwalters im Falle der fehlenden Eröffnung des Insolvenzverfahrens aufgrund des dem Eröffnungsverfahren zugrundeliegenden Antrages eine doppelte Analogie:

In einem ersten Schritt setzte man Vergütung und Auslagen den von einem vorläufigen Insolvenzverwalter begründeten Verbindlichkeiten gleich, obwohl §§ 53 ff. InsO streng zwischen Verfahrenskosten und sonstigen Masseverbindlichkeiten unterscheiden und zweitens erhebt § 55 Abs. 2 InsO die so begründeten Verbindlichkeiten nur dann zu Masseverbindlichkeiten, wenn es aufgrund desselben Insolvenzantrages zur Eröffnung des Verfahrens kommt.

4.3 Subsumtion der Vergütung und Auslagen als Masseverbindlichkeiten i. S. d. § 55 Abs. 1 Nr. 1, 2. Alt. InsO

Vorzugswürdig ist es demgegenüber möglicherweise, die Vergütung und Auslagen des vorläufigen Insolvenzverwalters im Erstverfahren unter die Masseverbindlichkeiten i. S. d. § 55 Abs. 1 Nr. 1, 2. Alt. InsO zu subsumieren.

4.3.1 Regelung des § 55 Abs. 1 Nr. 1 InsO

Die sonstigen Masseverbindlichkeiten des § 55 InsO sind nach § 53 InsO wie auch die Kosten des Verfahrens nach § 54 InsO vorweg aus der Masse zu befriedigen, also vorrangig vor der Verteilung des Vermögens an die Insolvenzgläubiger.

Nach Absatz 1 gilt dies zunächst für die nach Eröffnung des Insolvenzverfahrens begründeten oder entstandenen Verbindlichkeiten, wobei dessen Nr. 1 die nach Verfahrenseröffnung begründeten Verbindlichkeiten sind, die im Zuge der Insolvenzverwaltung entstanden sind, also durch Handlungen des Insolvenzverwalters oder in anderer Weise durch Verwaltung, Verwertung oder Verteilung der Masse. Dabei ist gemeinsames Merkmal aller von Abs. 1 Nr. 1 erfassten Verbindlichkeiten, dass ihre Begründung der Insolvenzverwaltung *zugerechnet* werden kann. Sie sind also direkte oder mittelbare Folge eines Insolvenzverwalterhandelns.

344 Hierzu ausführlich siehe oben D. II. 4.5.

4.3.2 „durch Handlungen des Insolvenzverwalters"

Der Wortlaut des § 55 Abs. 1 InsO setzt das Entstehen der Verbindlichkeiten im eröffneten Verfahren voraus.

Im Eröffnungsverfahren gibt es keinen Insolvenzverwalter (Nr. 1), kein Erfüllungswahlrecht (Nr. 2) und – da es keine Masse gibt – keine ungerechtfertigte Bereicherung der Masse. Schließlich ergibt sich dies auch aus dem Gegenschluss zu Absatz 2, der für einen besonderen Fall Verbindlichkeiten aus dem Eröffnungsverfahren als Masseverbindlichkeit erfasst. Mag es auch, wie eingehend geschildert, verfassungsrechtlich unzulässig sein, dem vorläufigen Insolvenzverwalter das Ausfallrisiko hinsichtlich seiner Vergütung aufzubürden, wenn es nicht zur Eröffnung des Insolvenzverfahrens aufgrund des dem Eröffnungsverfahren zugrundeliegenden Antrages kommt, kommt zunächst wegen des Wortlauts des § 55 Abs. 1 InsO eine Interpretation dieser Vorschrift dahingehend, dass sie auch Vergütung und Auslagen des vorläufigen Insolvenzverwalters des Erstverfahrens umfasst, nicht in Betracht[345].

Es bliebe demgemäß nur eine analoge Anwendung auf Auslagen und Vergütung des vorläufigen Insolvenzverwalters.

4.3.3 Analoge Anwendung auf Vergütung und Auslagen des vorläufigen Insolvenzverwalters im Erstverfahren

Gemeinhin wird unter Analogie die Übertragung der für einen Tatbestand oder für mehrere untereinander ähnliche Tatbestände im Gesetz gegebenen Regel auf einen vom Gesetz nicht geregelten ihm ähnlichen Tatbestand verstanden[346].

Infolge der Ähnlichkeit ihrer in der für die gesetzliche Bewertung maßgebenden Hinsicht sind beide Tatbestände gleich zu bewerten. Eine Gesetzeslücke wird durch Rückgriff auf das im Gesetz angelegte Prinzip aufgefüllt, weil auf den gesetzlich geregelten Fall das erkannte Prinzip ebenfalls zutrifft und daher ein Grund, vom Prinzip eine Ausnahme zu machen, nicht gegeben sind.

Nun hat das Gesetz den hier interessierenden Fall der Vergütung des vorläufigen Verwalters im Erstverfahren ja geregelt: seine Vergütung unterfällt nicht den Verfahrenskosten.

Allerdings übersähe man, zöge man diese Rechtsfolge, die Ausstrahlungswirkung der Grundrechte auf das einfache Recht, die wiederum, wie dargestellt, zu einem Grundrechtsverstoß führte.

---

345 hierzu BVerfGE 59, 350 ff. Die verfassungskonforme Auslegung hat ihrem möglichen Wortsinn und dem Bedeutungszusammenhang des Gesetzes ihre Grenze; vgl. auch Larenz, Methodenlehre der Rechtswissenschaft, 340.

346 Larenz, a. a. O, 381.

Ansatzpunkt für eine Beachtung der Ausstrahlungswirkung der Rechte des vorläufigen Verwalters aus Art. 12 Abs. 1 GG ist der Grundsatz der verfassungskonformen Auslegung[347]. Anlass zu einer solchen besteht immer dann, wenn eine Gesetzesbestimmung im Rahmen ihres Wortlauts unterschiedliche Auslegungen ermöglicht, aber nicht alle diese Möglichkeiten mit dem Gesetz vereinbar sind[348]. Die Rechtsgültigkeit einer Norm wird im Grunde bejaht, allerdings unter Ausschaltung der beanstandeten Regelung im besonderen[349]. Sie ist Teilkassation ohne Normtextänderung[350].

Die verfassungskonforme Auslegung ist also Auslegung (einer Norm überhaupt). Damit hat sie dort ihre Grenze, wo eine Norm eine verfassungskonforme Betrachtung nach hergebrachten Auslegungskriterien, insbesondere der Auslegung vom Wortlaut her, nicht mehr zulässt. Dies ist im Falle des § 55 Abs. 1 Nr. 1 InsO aber gerade der Fall, da diese Vorschrift sich – im Gegensatz zu ihrem Absatz 2 – gerade nicht auf den vorläufigen Insolvenzverwalter bezieht. Sie darf sich daher nicht über den möglichen Wortsinn und den Bedeutungszusammenhang der Norm hinwegsetzen und das (ursprüngliche) gesetzgeberische Ziel in sein Gegenteil verkehren[351].

Allerdings lässt das Bundesverfassungsgericht dann, wenn es um die Ausstrahlungswirkung der Grundrechte geht, im *konkreten Anwendungsfall* eine Korrektur des einfachen Rechts, soweit es zur Aufrechterhaltung des Wertvorrangs des Grundrechts geht, im Einzelfall auch dann zu, wenn der mögliche Wortsinn des allgemeinen Gesetzes an sich überschritten ist[352]. Im Ergebnis handelt es sich dann allerdings nicht mehr um eine einfache Auslegung, sondern um eine an den Verfassungsnormen und dem aus ihnen gefolgerten Vorrang des Wertes eines bestimmten Rechtsguts, hier also Art. 12 Abs. 1 GG, orientierten Gesetzeskorrektur[353]. Betroffen ist hier eine zweite Stufe, nämlich nicht die Prüfung, ob die Norm des einfachen Rechts die Ausstrahlungswirkung der Grundrechte überhaupt berücksichtigt (mit der Folge ihrer Verfassungswidrigkeit, wenn sie diese Wirkung übersähe), sondern um die konkrete Anwendung der Norm im Einzelfall, die diese Ausstrahlungswirkung wiederum beachten muss und im Ergebnis dort zu einer Abwägung der betroffenen Grundrechte der betroffenen Privatrechtssubjekte führt[354].

347 Hierzu: Larenz, Methodenlehre, 339 f.
348 Schlaich/Korioth, Rn. 442.
349 Bethge in: Maunz/Schmidt-Bleibtreu/Klein/Bethge, Bundesverfassungsgerichtsgesetz, 39. EL 2013, § 31 Rn. 258.
350 Bethge a. a. O. m. w. N.
351 BVerfGE 8, 34; 54, 299.
352 Larenz, Methodenlehre, 342 f.
353 Larenz, Methodenlehre, 343.
354 Hierzu: Schlaich/Korioth, Rn. 288.

5. Systemwidrigkeit der Subsumtion als Masseverbindlichkeit?

Nun mag man hiergegen jedoch von vornherein einwenden, dass die Subsumtion unter den Begriff der Masseverbindlichkeiten systemwidrig ist.

Dies ist aber nicht der Fall:

Verfahrenskosten und Masseverbindlichkeiten sind nur notwendiges Mittel zum Zweck der effektiven Realisierung der *par condicio creditorum*[355].

Masseverbindlichkeiten sind letztlich nichts anderes als Kosten der Gesamtvollstreckung im weiteren Sinne, für die der Schuldner ebenso wie bei der Einzelzwangsvollstreckung (§ 788 ZPO) haftet. Ihre Begründung und Bedienung stellen kein eigenes Verfahrensziel dar, sie sind notwendiges *Mittel zum Zweck* der optimalen wirtschaftlichen Verwertung der Masse. Natürlich wirken sich Masseverbindlichkeiten vordergründig immer zu Lasten derjenigen aus, deren anteiliger Befriedigung das Insolvenzverfahren überhaupt dient, nämlich der Insolvenzgläubiger. Je weitreichender man Masseverbindlichkeiten zulässt, desto mehr leidet das Postulat der Gläubigergleichbehandlung. In den allermeisten Fällen ist dies aber aufgrund ihres Charakters als „Mittel zum Zweck" gerechtfertigt, weil sie optimale Masseverwertungen erst ermöglichen.

Wenn beispielsweise der Insolvenzverwalter keine Möglichkeit hat, Verträge fortzuführen und Personal zu beschäftigen, um ein rentables Unternehmen einstweilen weiter zu betreiben, bleibt nur die Liquidation des Unternehmens. Den Gläubigern bleibt die Partizipation an Masseerhöhungen aus der Betriebsfortführung vorenthalten.

6. Abwägung der widerstreitenden Interessen des ehemaligen vorläufigen Verwalters des Erst- und der Gläubiger des Zweitverfahrens

Ist aber eine Subsumtion unter § 55 InsO nicht von vornherein systemwidrig, sind nun die beidseitigen, grundrechtlich durch Art. 12 Abs. 1 GG bzw. Art. 14 GG geschützten, Interessen des vorläufigen Insolvenzverwalters des Erstverfahrens und der Gläubiger des Zweitverfahrens gegeneinander abzuwägen[356].

---

355 Jaeger/Windel (InsO), § 80 Rn. 44; Ries FS Haarmeyer S. 250.

356 Siehe oben Teil C. IV. 2. Siehe insbesondere Fn. 242 und grundlegend Alexy, Grundrechte, 100 ff.

Es stellt sich damit im Ergebnis die Frage, ob auch die Interessen der Gläubiger des Zweitverfahrens angemessen berücksichtigt wären, subsumierte man die Vergütung des vorläufigen Verwalters des Erstverfahrens unter § 55 Abs. 1 Nr. 1, 2. Alt InsO.

6.1 Rechtfertigung der Risikotragung der Masseunzulänglichkeit

Für die Gläubiger des Zweitverfahrens hat die Subsumtion unter die Masseverbindlichkeiten den Vorteil, dass sie im Gegensatz zu einer potentiellen Subsumtion unter § 54 InsO nicht dazu führen kann, dass ein Insolvenzverfahren überhaupt nicht eröffnet wird, weil die Kosten des Erstverfahrens nicht gedeckt sind.

Nun könnte der ehemalige vorläufige Verwalter gegen eine Subsumtion unter § 55 InsO wiederum einwenden, sie brächte ihm das systemimmanente Risiko einer Rückstufung seiner Vergütung und Auslagen im Falle der Masseunzulänglichkeit.

> § 208 InsO ordnet bei Vorliegen der Masseunzulänglichkeit – wenn also die Verfahrenskosten gedeckt sind, die Masse jedoch nicht ausreicht, um auch die übrigen Masseverbindlichkeiten vollständig zu erfüllen – die Anzeige der Masseunzulänglichkeit an. In diesem Fall ermöglicht § 209 InsO die weitere Abwicklung des Verfahrens anstelle der ansonsten notwendigen Verfahrenseinstellung durch die Normierung einer Rangordnung der Masseverbindlichkeiten, die die Verfahrenskosten und die nach Anzeige der Masseunzulänglichkeit begründeten sonstigen Masseverbindlichkeiten privilegiert.

Damit geht eine Privilegierung der Vergütung und Auslagen des vorläufigen Insolvenzverwalters einher, der aufgrund des gleichen Insolvenzantrages bestellt wurde, das zur Eröffnung des Insolvenzverfahrens führte.

Diese Privilegierung ist jedoch gerechtfertigt:

Es ist sachgerecht, den vorläufigen Insolvenzverwalter, der im Eröffnungsverfahren den status quo gesichert und damit – wie geschildert – die wesentlichen Weichenstellungen für das eröffnete Verfahren gesetzt und damit erfolgreich das sodann eröffnete Verfahren vorbereitet hat, besser zu stellen als denjenigen, der zwar vielleicht die gleichen Anstrengungen unternommen hat, dessen Anstrengungen aber mangels Eröffnung des Verfahrens aufgrund des gleichen Antrages im Ergebnis frustriert waren.

Mit anderen Worten: wenn die Bemühungen des ehemaligen vorläufigen Insolvenzverwalters zur Vorbereitung des eröffneten Verfahrens unmittelbar nachwirken, ist es ungeachtet des fehlenden Erfolgscharakters der Vergütung des vorläufigen Insolvenzverwalters gerechtfertigt, die mangels Eröffnung nicht nachwirkenden Bemühungen des ehemaligen vorläufigen Insolvenzverwalters schlechter zu behandeln, wenn die Masse zur Bedienung beider Vergütungen nicht ausreicht.

6.2 Belastung der Gläubiger des Zweitverfahrens

Subsumiert man die Vergütung des vorläufigen Verwalters im Erstverfahren unter die Masseverbindlichkeiten des Zweitverfahrens, so führt dies aber im Ergebnis zu einer Belastung der Insolvenzgläubiger des Zweitverfahrens. Denn je höher die Masseverbindlichkeiten des Zweitverfahrens sind, desto geringer die Chance einer Quote für die Insolvenzgläubiger.

Nun findet ein Insolvenzverfahren als Generalexekutionsverfahren für die Gläubiger stets nur um den Preis statt, dass dieses Verfahren Kosten verursacht. Dies ist die unmittelbare und zwingende Folge der Einschaltung eines Privaten, von dem eine kostenfreie Tätigkeit nicht erwartet werden kann. Selbst wenn ein solches Verfahren nicht auf staatliche Veranlassung durch einen Privaten, sondern den Staat selbst durchgeführt werden würde, würde es Kosten verursachen.

Allerdings ist eine andere, die Gläubiger des Zweitverfahrens weniger belastende Regelung wie gesehen nicht möglich. Eine Subsumtion unter die Verfahrenskosten, § 54 InsO, ist wie dargestellt abzulehnen[357]. Erfolgt auch eine Subsumtion unter § 55 InsO nicht, bliebe nur eine solche unter § 38 InsO, die aber, wie gesehen, zur zwangsläufigen Folge der Anfechtbarkeit führte mit der Folge der Verkennung der Ausstrahlungswirkung des Grundrechts des Art. 12 Abs. 1 GG des ehemaligen vorläufigen Insolvenzverwalters.

Gegen die Subsumtion der Kosten früherer vorläufiger Verwaltungen wird nun möglicherweise der Gläubiger des Zweitverfahrens einwenden, dass ihm die Tätigkeit damaliger Sicherungsmaßnahmen nichts nütze, sondern deren Zahlung nur seine Quotenaussichten schmälere.

Allerdings sind auch bei diesem möglichen Einwand zwei Aspekte zu berücksichtigen:

Erstens sind nicht alle als Masseverbindlichkeiten einzustufenden Verbindlichkeiten notwendiges Mittel der Massesicherung und –anreicherung. Ihre Einstufung unter § 55 InsO ist bereits heute teilweise alleine gesetzgeberische Dezision, wäre jedoch zur Masseerhaltung oder –mehrung nicht notwendig, ist gar teilweise kontraproduktiv.

Dass § 55 Abs. 4 InsO unter bestimmten Voraussetzungen auch durch einen „schwachen" vorläufigen Verwalter begründete Steuerschulden in den Rang von Masseverbindlichkeiten erhebt, beruht alleine auf fiskalischen Gründen.

Dass § 324 Abs. 1 Ziff. 2 InsO auch die Kosten der Beerdigung des Erblassers in den Rang einer Masseverbindlichkeit erhebt, beruht ausschließlich auf Gründen der Pietät.

357 Siehe oben Teil D. V. 3.

Dass § 100 InsO die Möglichkeit der Unterhaltsgewährung an den Schuldner aus der Masse ermöglicht, gleichwohl dessen Existenzsicherung bereits über § 36 Abs. 1 S. 2 InsO aufgrund der Bestimmungen der ZPO über den unpfändbaren Teil des Einkommens, ist Ausdruck einer Sozialverantwortung[358] .

Keine der vorerwähnten Fälle wirkt sich positiv auf die Befriedigungsaussichten der Insolvenzgläubiger aus.

Zweitens wurde bereits dargestellt, dass die im Erstverfahren angefallene vorläufige Verwaltervergütung Folge der Vorbereitung der Eröffnung eines Insolvenzverfahrens war. Sie unterscheidet sich zwar von denjenigen in § 55 Abs. 1 InsO genannten Masseverbindlichkeiten, die sich positiv auf die Masse und damit die Befriedigungsquote der Gläubiger ausgewirkt haben. Die Einbeziehung solcher Kosten in den Rang der Masseverbindlichkeiten dürfte aber aus Gläubigersicht nachvollziehbarer sein als die Einbeziehung von Kosten aus Gründen gesetzgeberischer Pietät oder rein fiskalischen Interessen.

6.3 Fortdauer der materiellen Insolvenz

Wenn nun aber der Gesichtspunkt einer fortdauernden wirtschaftlichen Leistungsunfähigkeit die Rechtfertigung dafür ist, die Vergütung und die Auslagen des vorläufigen Insolvenzverwalters des Erstverfahren unter die Masseverbindlichkeiten des § 55 Abs. 1 Nr. 1, 2. Alt. InsO zu subsumieren, um so das mit der Werteordnung der Grundrechte unvereinbare Ergebnis eines Vergütungsausfalls oder einer konkreten Vergütungsgefährdung zu verhindern, so steht damit gleichzeitig fest, dass die materielle Insolvenz eine andauernde sein muss, was bedeutet, dass der Schuldner seine wirtschaftliche Leistungsfähigkeit zwischen der Erledigung des Erstantrages und dem zur Eröffnung führenden Zweitantrag nicht wiedererlangt haben darf.

Es besteht auch keine Notwendigkeit, eine analoge Anwendung des § 55 Abs. 1 Nr. 1, 2. Alt. InsO auch für den Fall der zwischenzeitlichen Wiedererlangung der wirtschaftlichen Leistungsfähigkeit des Schuldners anzunehmen. Denn in diesem Fall ist der Anspruch des ehemaligen vorläufigen Verwalters ja eben gerade nicht wertlos, er kann ihn beim Schuldner realisieren. Es ist ihm auch zumutbar, dies zu versuchen, sobald er Anhaltspunkte für den Fortfall der materiellen Insolvenz hat. Abgesehen davon wird er dies ohnehin im eigenen Interesse versuchen, um nicht abwarten zu müssen, ob und wann es ggf. zu einem erneuten Insolvenzantrag, der dann zur Verfahrenseröffnung führt, kommt.

358 Offen gelassen in HambKomm-Wendler, § 100 Rn. 1.

VI. Ergebnis

Die Vergütung des vorläufigen Verwalters des Erstverfahrens ist damit unter die Masseverbindlichkeiten i. S. d. § 55 Abs. 1 Ziff. 1, 2. Alt InsO zu subsumieren. Dies ist die verfassungsrechtlich gebotene Folge der Anerkennung des Umstandes, dass vom vorläufigen Insolvenzverwalter des Erstverfahrens nicht erwartet werden kann, seine Tätigkeit im Ergebnis kostenfrei erbringen zu müssen. Im Ergebnis entspricht dies zwar einer Subsumtion der Vergütung unter § 55 Abs. 2 InsO, wobei diese Vorschrift dadurch, dass er vom vorläufigen Insolvenzverwalter mit Übergang der Verwaltungs- und Verfügungsbefugnis spricht, bereits vom Wortlaut her einer verfassungskonformen Auslegung sehr viel weniger zugänglich ist, als § 55 Abs. 1 Ziff. 1., 2. Alt InsO. Zwar spricht auch diese Vorschrift von der Person des Insolvenzverwalters. Die Gleichstellung mit dem vorläufigen Insolvenzverwalter rechtfertigt sich jedoch aus der weitgehenden Strukturgleichheit des Amtes des vorläufigen mit dem des endgültigen Insolvenzverwalters in den Fällen einer andauernden wirtschaftlichen Insolvenz. Dieses Ergebnis ist auch mit der im Rahmen der Ausstrahlungswirkung der Grundrechte notwendigen Abwägung mit grundrechtlich geschützten Positionen des anderen beteiligten Privatrechtssubjekts vereinbar. Im besten Fall wirken die vom vorläufigen Verwalter ergriffenen Maßnahmen im später aufgrund eines Zweitantrages eröffneten Verfahren nach, wenn die materielle Insolvenz zwischenzeitlich nicht beseitigt wurden. Aber auch ansonsten in die anteilige Befriedigung immer nur um den Preis zu haben, dass ein solches Verfahren die davon betroffenen Gläubiger Geld kostet.

Teil E. Fazit

Als Fazit der Arbeit steht damit fest:

Die Entscheidung des Bundesgerichtshofs vom 15.11.2011 stellt in Bezug auf seine Vergütung eine verfassungsrechtlich nicht hinnehmbare Einschränkung der Berufsfreiheit des vorläufigen Insolvenzverwalters dar, von dem nicht erwartet werden kann, dass er dieses Amt, das unter den Schutzbereich des Art. 12 Absatz 1 GG fällt, pro bono übernimmt. Da der Insolvenzverwalter als Privater handelt, fehlt es an dem Tatbestand eines klassischen Eingriffs in Art. 12 Abs. 1 GG mangels Vorliegens eines Subordinationsverhältnisses zwischen dem Staat und einem Privaten.

Aufgrund der durch das Bundesverfassungsgericht spätestens seit dem *Lüth-Urteil* anerkannten Drittwirkung der Grundreche innerhalb des Privatrechtsverhältnisses stellen die Grundrechte jedoch eine objektive Wertordnung dar, die auch im Rahmen der Auslegung der Normen des einfachen Rechts innerhalb einer Rechtsbeziehung zwischen Privaten zu beachten ist.

Dem vorläufigen Insolvenzverwalter des Erstverfahrens steht eine Vergütung zu, die auch in diesem Verhältnis an Art. 12 Abs. 1 GG zu messen ist. Dieser Anspruch wird gefährdet, wenn das Antragsverfahren, indem er bestellt wurde, nicht zur Eröffnung eines Insolvenzverfahrens führt, sondern es aufgrund eines späteren selbständigen Insolvenzantrages zur Eröffnung des Insolvenzverfahrens kommt.

Der vorläufige Verwalter hat kaum Möglichkeiten, sich hiergegen abzusichern, weder durch die Vereinnahmung eines Vorschusses, faktisch auch nicht durch die Ablehnung des ihm angetragenen Amtes und schließlich auch nicht dadurch, dass er sich Sicherheiten vom Schuldner stellen lässt. Aufgrund des Einflusses der Werteordnung der Grundrechte auf das Zivilrecht ist im Verhältnis zwischen dem ehemaligen vorläufigen Insolvenzverwalter und den Gläubigern des Zweitverfahrens ein Ausgleich der gegenläufigen grundrechtlich geschützten Interessen – Art. 12 Abs. 1 GG auf der einen, Art. 14 GG auf der anderen Seite – herbeizuführen, der die Rechtspositionen beider Seiten zu einem optimalen Ausgleich bringt.

Eine Kompensation dieses Vergütungsausfalls ist dem ehemaligen vorläufigen Insolvenzverwalter in adäquater Weise nicht möglich. Die Vergütung, die ein Sachverständiger nach JVEG erhält, betrifft eine von der Tätigkeit des vorläufigen Verwalter wesensverschiedene Tätigkeit, die separat zu bezahlen ist. Sie kann niemals an die Stelle der Vergütung als vorläufiger Verwalter nach InsVV treten. Eine Haftung der Staatskasse schließlich besteht nicht.

An dieser Problematik hat sich durch das Gesetz zur weiteren Erleichterung der Sanierung von Unternehmen, insbesondere durch § 26a InsO, nichts geändert. Ganz im Gegenteil: die Problematik hat sich noch verschärft. Dies insbesondere in den Fällen, in denen sich der vorläufige Verwalter die Vergütung festsetzen lässt und es dann zu einer Zahlung durch den Schuldner kommt.

Eine Subsumtion der Vergütung des vorläufigen Verwalters des Erstverfahrens scheitert nicht nur am Wortlaut des § 54 InsO. Hier eine Analogie zu bemühen, würde auch bedeuten, die Ziele der Insolvenzrechtsreform – namentlich die Förderung der „Eröffnungsquoten", die Erhöhung der Verteilungsgerechtigkeit und die Abschaffung der Rangklassen – zu konterkarieren, da in einem zu eröffnenden Verfahren immer auch die Kosten vorangegangener vorläufiger Insolvenzverwaltungen mitgedeckt sein müssten.

Eine solche gegen das Übermaßverbot verstoßende Lösung ist auch nicht nötig: Vergütung und Auslagen des vorläufigen Insolvenzverwalters des Erstverfahrens lassen sich im Wege einer verfassungskonformen Auslegung und ohne Not unter die sonstigen Masseverbindlichkeiten i. S. d. § 55 Abs. 1 Ziff. 1 InsO subsumieren.

Dies setzt jedoch voraus, dass diese Kosten Folgen einer materiellen Insolvenz waren, die bis zur erfolgreichen Eröffnung des Insolvenzverfahrens aufgrund eines anderen Insolvenzantrages fortgewirkt hat.

Die in diesem Zusammenhang notwendige über den Wortlaut dieser Vorschrift hinausgehende ausdehnende Anwendung dieser Vorschrift rechtfertigt sich aus der Notwendigkeit der anderenfalls festzustellenden Verletzung einer staatlichen Schutzpflicht hinsichtlich des durch Art. 12 Abs. 1 GG geschützten Vergütungsinteresses des vorläufigen Insolvenzverwalters.

Dass bei einer solchen Lösung der ehemalige vorläufige Verwalter das Risiko der Masseunzulänglichkeit des Verfahrens trägt und damit in diesem Fall dennoch mit seiner Vergütung ausfällt, ist vor dem Hintergrund der mit den Interessen des vorläufigen Verwalters in Einklang zu bringenden Interessen der Gläubiger des Zweitverfahrens, geschützt durch Art. 14 GG, gerechtfertigt:

Es ist gerecht und aus verfassungsrechtlichen Gründen notwendig, ihn besser zu stellen als den Insolvenzgläubiger. Es ist aber ebenso gerecht, ihn im Falle der Masseunzulänglichkeit schlechter als denjenigen vorläufigen Verwalter zu stellen, der in dem Antragsverfahren tätig war, das zur Eröffnung führte und dessen Sicherungs- und Vorbereitungshandlungen unmittelbar auf das später eröffnete Verfahren fortgewirkt haben.

Schriftenreihe des Centrum für Deutsches und Europäisches Insolvenzrecht Kiel

Herausgegeben von Stefan Smid, Silke Wehdeking und Mark Zeuner

Band 1 *in Vorbereitung*

Band 2 Sebastian Wilhelm Deichgräber: Gesellschaftsrechtliche Sitzverlegungen und haftungsrechtliche Begründungen internationaler insolvenzrechtlicher Zuständigkeiten. Zugleich ein Beitrag zur Verwendung in der Judikatur. 2012.

Band 3 Malte Engeler: Die zweigliedrige Personengesellschaft in der Insolvenz. 2012.

Band 4 Sebastian Müller: Verhandlungsgesteuerte Sanierung durch den prepackaged plan. Das Planinitiativrecht des Schuldners aus § 218 Abs. 1 S. 2 InsO als Ausgangspunkt steuer- und planbarer Gestaltungsprozesse. 2013.

Band 5 Christoph Pabst: Materielle Insolvenz – Die retrograde Ermittlung der Zahlungsunfähigkeit. 2013.

Band 6 Torsten Martini: Die Anfechtbarkeit der Zahlung der Vergütung des vorläufigen Insolvenzverwalters im Zweitverfahren. 2014.

www.peterlang.com